T 文庫

哲学的
100个
基本

哲学100の基本

[日] 冈本裕一朗 / 著

郭佳琪 / 译

贵州出版集团
贵州人民出版社

TETSUGAKU 100 NO KIHON
by Yuichiro Okamoto
Copyright © 2023 Yuichiro Okamoto
Original Japanese edition published by TOYO KEIZAI INC.
This Simplified Chinese edition published by arrangement with TOYO KEIZAI INC., Tokyo, through BARDON CHINESE CREATIVE AGENCY LIMITED, Hong Kong.
Simplified Chinese translation copyright © 2024 by United Sky (Beijing) New Media Co., Ltd.
All rights reserved.

著作权合同登记号 图字：22-2023-083 号

图书在版编目（CIP）数据

哲学的 100 个基本 /（日）冈本裕一朗著；郭佳琪译 . -- 贵阳：贵州人民出版社, 2024.1
ISBN 978-7-221-17972-2

Ⅰ.①哲… Ⅱ.①冈…②郭… Ⅲ.①哲学 - 通俗读物 Ⅳ.① B-49

中国国家版本馆 CIP 数据核字 (2023) 第 192679 号

ZHEXUE DE 100 GE JIBEN
哲学的 100 个基本
[日] 冈本裕一朗 / 著
郭佳琪 / 译

选题策划	轻读文库	出 版 人	朱文迅
责任编辑	严 娇	特约编辑	姜 文

出 版	贵州出版集团　贵州人民出版社
地 址	贵州省贵阳市观山湖区会展东路 SOHO 办公区 A 座
发 行	轻读文化传媒（北京）有限公司
印 刷	北京雅图新世纪印刷科技有限公司
版 次	2024 年 1 月第 1 版
印 次	2024 年 1 月第 1 次印刷
开 本	730 毫米 × 940 毫米　1/32
印 张	10
字 数	195 千字
书 号	ISBN 978-7-221-17972-2
定 价	35.00 元

关注轻读

客服咨询

本书若有质量问题，请与本公司图书销售中心联系调换
电话：18610001468
未经许可，不得以任何方式复制或抄袭本书部分或全部内容
© 版权所有，侵权必究

目录

前言 … 1

Part 1 了解人生的本质 … 5

Introduction 哲学：哲学是什么？ … 7

Basic 1	学习"哲学探索"，而不是学习"哲学"！	9
Basic 2	哲学从"惊讶"和"怀疑"开始	12
Basic 3	哲学是看待世界的眼镜	15
Basic 4	哲学是重新学习如何看待世界	18
Basic 5	从苍蝇瓶中放出苍蝇	21
Basic 6	自然探究还是辩证法？	23
Basic 7	柏拉图哲学的脚注？	26
Basic 8	对哲学史的理解从"转向"开始	30
Basic 9	哲学是剽窃的历史？	33
Basic 10	"大写的哲学"时代已经结束！	36

Chapter 1 人：人是什么？ … 38

Basic 11	所有问题都是人的问题	40
Basic 12	人啊，认识你自己！	43
Basic 13	人是"死囚"？	46
Basic 14	不仅关注意识，也要重视潜意识	49

Basic 15	人是人与人之间的关系	52
Basic 16	作为演员的人	55
Basic 17	人是有缺陷的动物	58
Basic 18	人在玩给出理由和寻求理由的游戏	61
Basic 19	"人"即将迎来终结?	64

Chapter 2 知识：我们能知道什么？ 66

Basic 20	不要看表象，要抓住本质	68
Basic 21	摒弃偏见，一切从经验出发	70
Basic 22	我思故我在	73
Basic 23	什么是"哥白尼式的转向"?	76
Basic 24	众所周知的事物未必被充分认知	79
Basic 25	弄清楚概念和理论对事物产生的影响	82
Basic 26	关注隐性知识	85
Basic 27	范式不同就像生活在不同的星球	88
Basic 28	明希豪森三重困境是否可以避免?	92

Chapter 3 道德：我们应该做什么？ 95

Basic 29	伦理和道德有何不同?	97
Basic 30	你不愿他人如何对待你，就不要那般对待他人	100
Basic 31	只要不伤害他人，就可以做任何事?	102
Basic 32	强者的道德与弱者的道德：统治的工具还是弱者的嫉妒?	105

Basic 33	从结果看好坏？	108
Basic 34	遵循普遍适用的原则	111
Basic 35	如何成为一个"好人"？	114
Basic 36	道德死了，一切都被允许了？	117
Basic 37	道德判断不过是审美判断？	119

Chapter 4 幸福：我们可以追求什么？ 122

Basic 38	问题在于如何抓住幸福	124
Basic 39	幸福与道德一致	126
Basic 40	为了正确地生活，不要追求幸福	128
Basic 41	通过艺术获得幸福	130
Basic 42	请关注不幸，而不是幸福	133
Basic 43	追求生存美学	135
Basic 44	人活着是为了什么？	137
Basic 45	通过体验机制造幸福感，能获得幸福吗？	139
Basic 46	幸福感无法解释幸福？	142

Part 2 探索真理　　145

Chapter 5 宗教：我们应该相信什么？　　147

Basic 47	不合理，故我信	150
Basic 48	"机械降神"与"不动的推动者"	153
Basic 49	上帝因完美而存在	155
Basic 50	不是上帝创造了人，而是人创造了上帝	158
Basic 51	"宗教是人民的鸦片"	160
Basic 52	上帝已死	162
Basic 53	宗教可以用科学解释？	164
Basic 54	为了理解，必须相信	167
Basic 55	知识是被证成的真实信念？	170

Chapter 6 世界：世界充满谜团　　172

Basic 56	学院概念的哲学和世界概念的哲学	174
Basic 57	作为意志和表象的世界	177
Basic 58	人在世界之中存在？	180
Basic 59	世界是一切发生的事情	183
Basic 60	世界不存在？	186
Basic 61	对生物而言，世界存在吗？	189
Basic 62	语言和文化不同，世界也就不同？	192
Basic 63	无数个可能的世界	194
Basic 64	如何构造世界？	197

Chapter 7	自然：如何理解自然？	199
Basic 65	自然哲学与自然科学有何不同？	201
Basic 66	自然喜欢隐藏	204
Basic 67	顺应自然而活	206
Basic 68	自然这本书由数学写成	208
Basic 69	将自然理解为上帝	211
Basic 70	虚构的自然	214
Basic 71	将人类环境视为风土，而非自然	216
Basic 72	也赋予自然以权利	219
Basic 73	自然物与技术制品	221

Part 3 生活在没有正确答案的世界　　225

Chapter 8 制度：可见和不可见的制度　227

- Basic 74　physis（自然）和 nomos（规范）对立吗?　229
- Basic 75　成为第二自然的制度　231
- Basic 76　关于制度世界的科学必不可少　233
- Basic 77　制度决定人的喜好　236
- Basic 78　以亲属制度为基础的结构化社会　239
- Basic 79　通过语言这一制度理解　242
- Basic 80　20世纪的流行思想——文化相对主义　245
- Basic 81　制度通过技术得以形成　248
- Basic 82　对话可以解决权力关系?　251

Chapter 9 社会：如何与他人共存？　254

- Basic 83　城邦动物　256
- Basic 84　社会契约论与"社会"概念　258
- Basic 85　人是一切社会关系的总和　261
- Basic 86　确保最大多数人的最大幸福是否属于社会公正?　264
- Basic 87　从规训社会到控制社会　266
- Basic 88　他者欲望的欲望社会：承认欲望和模仿欲望　269
- Basic 89　自由和平等的困境（自由主义争论）　272

Basic 90	现实由社会建构	275
Basic 91	介入（参与社会）是为了什么	278

Chapter 10 历史：如何面对历史？ 281

Basic 92	如果埃及艳后的鼻子再低一些	283
Basic 93	自由意识的进步	285
Basic 94	迄今为止的社会历史都是阶级斗争的历史？	287
Basic 95	一切历史都是当代史？	289
Basic 96	谱系学暴露了历史起源的低贱	292
Basic 97	从历史的解体到解构	295
Basic 98	历史是故事吗？	298
Basic 99	历史往往重复两次，第一次是悲剧，第二次是喜剧	301
Basic 100	历史的终结是动物化？	303

前言

这是一本为哲学零基础的读者所写的书。它由100则条目组成，每则条目均以一句话概括，使读者能够全面理解哲学的主题。

自古希腊以来，哲学已有2500多年的历史。在漫长的岁月中，哲学留下了丰富的智慧宝藏，希望本书能将其中的精华呈献给作为读者的你。

或许会有人质疑：对忙碌的现代人来说，哲学书籍是否还值得阅读？"实用"学科是否更加值得关注？

回顾历史，当时代发生重大转变时，人们往往会发现以前的想法和观点不再适用，时代需要新的思考方式。而如今，我们正处于这样一个剧变的时期。此时，重要的不是寻找答案，而是返回原点重新审视问题。

而哲学，正是从广阔的视野和长远的角度进行思考与探索。对于日常生活中发生的事情，它将从更宏观的角度考虑"这究竟意味着什么"，进而创造出看待世界的全新视角。

初看上去，哲学似乎是一种冗长而缓慢的活动。但当时代发生巨变时，这种哲学的态度就显得不可或缺。本书将向读者介绍在过去2500多年间哲学所提出过的思维视角，希望大家能尝试探索其中的奥秘，也许会有意想不到的收获。

本书一共由三个部分构成,每个部分包含多个章节,全书共有十章。具体标题如下:

Part 1 了解人生的本质

Introduction　哲学:哲学是什么?
Chapter 1　　　人:人是什么?
Chapter 2　　　知识:我们能知道什么?
Chapter 3　　　道德:我们应该做什么?
Chapter 4　　　幸福:我们可以追求什么?

Part 2 探索真理

Chapter 5　　　宗教:我们应该相信什么?
Chapter 6　　　世界:世界充满谜团
Chapter 7　　　自然:如何理解自然?

Part 3 生活在没有正确答案的世界

Chapter 8　　　制度:可见和不可见的制度
Chapter 9　　　社会:如何与他人共存?
Chapter 10　　历史:如何面对历史?

至于阅读方法，你可以从本书的任何一章开始阅读，都不会影响对书中内容的理解。但由于三个部分围绕着不同主题展开讨论，所以建议连续阅读同一部分下的所有章节。

此外，**在解释每个主题时，本书不仅介绍了相关内容，还指出了其中的问题，着力呈现引起争议的讨论点。** 我想这有助于读者更加清晰地了解每个主题下的论点。

最后，我想借此机会表达我对宫碕奈津子女士深深的感激之情。从策划阶段到最终出版，东洋经济新报社的宫碕女士一直给予我很大的支持和帮助。本书原本预定的出版日期比现在要早，但由于我的身体问题，出版工作曾一度停滞，直到2022年才得以重新开始。这本书最终能够出版，全都归功于宫碕女士的不懈努力和支持。

2022年11月

冈本裕一朗

Part 1

了解人生的本质

Introduction
哲学：哲学是什么？

哲学是什么？

据说有多少哲学家就有多少种答案。因此，很难给出一个确定性的"哲学"定义。

本章将介绍几种关于"哲学"的代表性观点，**让大家感受这门学科的多样性。**话虽如此，在观察哲学家的活动时，我们还是能够发现一些共同特征的。

哲学活动的共同特征之一是其根源性。哲学常常被视为一种质疑前提本身的活动。对于通常被认为是不言自明的各种学科知识、传统思想、日常生活中的常识等，哲学家会故意质疑，持续追问至他人觉得过分的程度——"你真的有必要怀疑到这个地步吗"。因此，哲学家常常被视作"疯子"。

实际上，笛卡尔就曾经通过假设一些看似荒唐无稽的"梦境"，或是引用"疯子"的妄想来验证自己的思想。但如果过于极端地对所有事物持怀疑态度，可能会导致无法正常生活，因此需要在质疑和接受常识之间寻找平衡。无论结果如何，**从根源上质疑那些被认为是理所当然的前提，是哲学的共同特征之一。**

哲学活动的另一个共同特征是思考的彻底性。当哲学家提出自己的想法或视角[1]时，会形成与其相适应的概念。之后，他们会根据这一概念框架深入地审视一切。通常情况下，人们在思考问题时往往会在某些时刻妥协或放弃，哲学的思考方式则相反，会一直坚持并深入推进自己的观点直到最后。

当阅读过去哲学家的著作时，我们不可避免地会意识到这种思考的彻底性。

哲学家基于自身的概念框架，描绘了一个"哦，原来还可以这样看"的世界。从这一角度来看，**哲学史可以说是奇思妙想的宝库，大家像参观奇幻乐园一样轻松享受即可。**

说到哲学史，总给人一种陈腐老旧的印象。其实不然，哲学史绝不会过时。极端地说，"没有哲学史就没有哲学"。

当然，哲学史的存在不仅仅为了知识（博学），还为了进行"哲学探索"。德里达曾说"除了文本之外，没有任何东西"。如果不阅读过去的哲学著作，就无法进行哲学探索。

---

[1] 视角（perspective）：哲学家尼采提出的术语，主张人类的认识总是从一定的立场或观点出发。这一概念受绘画中透视法的启发。

Basic ① 学习"哲学探索",而不是学习"哲学"!

谈到哲学,很多人可能会联想起一些看起来很复杂的"主义""理论",或是一些用片假名书写的人名,总之是需要记忆的东西。这时,想一想德国哲学家伊曼努尔·康德[2]说过的话。

康德区分了学校教授的知识性"哲学"和自己思考的"哲学探索"(Philosophieren),并指出:"人们无法学习哲学……只能学习哲学探索。"

如何进行哲学性的思考,而不是仅仅停留于哲学知识的学习呢?美国著名哲学家托马斯·内格尔认为:**"到了14岁左右,许多人便开始对哲学问题进行自我思考。"**

例如,在青少年时期,我们可能会普遍感到他人无法理解自己,或者反过来,我们无法理解他人。

当这样的经历反复出现时,与他人的交往也会变得困难起来。不仅如此,我们可能还会开始怀疑:我和他人是否能够真的相互理解?这一疑问也许还会被

---

2 伊曼努尔·康德:18—19世纪德国哲学家。他最重要的作品是三部批判性著作——《纯粹理性批判》、《实践理性批判》和《判断力批判》,提倡批判哲学。在认识论方面,他进行了所谓的"哥白尼式的转向"。

更加深入地探讨，例如，"人类到底能否理解他人的内心""到底什么是理解他人""我们又如何知道他人有心灵呢"。问题只会越发深刻。

随着时间的推移，这些问题通常会被遗忘，但是遗忘并不意味着问题已经得到解决。有时，它们会重新浮现在脑海中，或是进一步扩大。

实际上，**重新思考已经被忘记的"根本问题"就是"哲学探索"**。哲学的目的并不在于了解过去哲学家的理论。那么，为什么要读哲学家的著作呢？

读哲学家的著作时，你可能会意识到自己也曾有过类似的想法或体验，我们可以称之为"共鸣体验"。

例如，当笛卡尔说"感性的事物有时是错误的，所以应该保留怀疑态度"时，大多数人可能会同意他的观点。

同时，我们也会产生疑问：这个怀疑态度会带来什么呢？

当然，我们并不能确定是否会接受笛卡尔之后的阐述并认同他的观点，但我们可以将哲学家提出的问题视为自己的问题，进而开始思考。

通过阅读哲学家的讨论，我们可以自己思考，以自己的方式进行"哲学探索"。这一点十分重要。

—— 专栏 ——

在日本,"哲学"被视为一门学科,但在欧美语言(英语中的philosophy、法语中的philosophie、德语中的Philosophie以及词源希腊语philosophia)中,其意思为"热爱智慧",在构词形式上并不属于"xx学"这一类词。如果按字面意思翻译,哲学就会变成"爱智",因此,哲学被认为不像其他学科一样拥有特定的研究领域。例如,"心理学"被视为研究"心理"这一领域的学科,但"哲学"却无法用这种方式来描述其研究领域。所以常常有人批评不知道"哲学"在研究些什么,其原因也在于此。

Basic ②
哲学从"惊讶"和"怀疑"开始

从表面上看起来,哲学对日常生活似乎并无任何实际用处。那么,人们为什么还会追求哲学?追求哲学的动机又从何而来?

为什么追求哲学,即追求哲学的根源是什么。从古至今一直被频繁提及的答案是"惊讶"(希腊语:ταυμάζειν)。柏拉图[3]强调,"惊讶"才是"热爱并追求智慧的哲学"的开端。亚里士多德[4]也在《形而上学》中指出:"通过惊讶……人类开始热爱并追求智慧(追求哲学)。但最初,他们仅仅惊讶于身边的奇异之物,然后才逐渐开始怀疑更为巨大的事物。……怀疑并感到惊讶的人通常会认为自己是无知的。……因此,他们热爱并追求智慧正是为了从无知中得到解脱。"

也就是说,人会经历以下三个阶段:**①感到惊讶和怀疑;②意识到自己的无知;③寻求智慧(哲学)。**

---

3 柏拉图:公元前5—前4世纪古希腊哲学家。他撰写了《对话录》,通过问答法形成了理念论,构建了后世哲学的原型。其学生亚里士多德对他的思想进行了批判,两位哲学家的思想对整个哲学史产生了深远的影响。
4 亚里士多德:公元前4世纪古希腊最伟大的哲学家,柏拉图的学生,曾任亚历山大大帝的家庭教师。

这里所说的哲学不仅是狭义的哲学,还是整个学问领域的统称。就像被称为"万学之祖"的亚里士多德,他探究逻辑学、生物学、天体论、政治学和神学等各个领域,将它们视为一个整体——"哲学"。

值得注意的是,"惊讶"往往存在于哲学探究的开端。反过来说,如果没有惊讶,哲学探究也就无法开始。惊讶于眼前的生物,惊讶于星空,从中衍生出"为什么"等问题,从而开始探究。

当孩子反复问大人"为什么"时,人们常说"孩子是小哲学家"。

图1 孩子的疑问与哲学

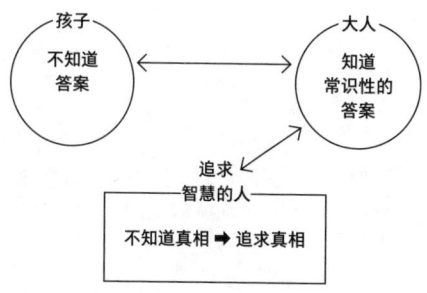

的确,孩子们总是对任何事情都感到惊奇,天真地提出问题。成年人则往往被固定的常识思维束缚,逐渐失去这种态度。因此,孩子看上去更像哲学家。

那么,哲学问题和孩子们提出的问题是否相同呢?

让我们以苏格拉底[5]为例。他经常向周围的权贵们反复提出"什么是××"的问题。在提出这些问题时,他自己并不知道答案。他并不是不知道常识性的答案,只是他认为那些答案并不等于真相。

为了接近真相,苏格拉底敢于向认为自己已经知道答案的人提问,并证明他们所以为的答案实际上是错误的。仔细想想,这种方式的确令人讨厌,也难怪苏格拉底最后被判处死刑。不过,小孩子像他这样的应该没几个。

---

5 苏格拉底:公元前5—前4世纪古希腊哲学家,柏拉图的老师,主张通过问答法来探索真理。因其哲学化的言行而被判处死刑。死前,苏格拉底自愿饮下了毒酒。

Basic ③
哲学是看待世界的眼镜

提起哲学，人们往往认为它使用抽象且复杂的概念，对日常生活没有什么实际用处。的确，在翻译原始外语的过程中，越来越多的汉字被应用于哲学领域，使哲学更加远离平常所使用的语言。

例如，哲学中的"存在"是个严肃术语，本质上与日常用语"有"是紧密关联的。在使用"桌子上有书"或"她很美（美丽存在）"这类常见语句时，我们也会用到"存在"的概念。

然而，在讨论"存在论"或"存在问题"时，这种关联常常被割裂开来。

因此，尽管我们认为哲学疏离于日常生活，但它的确与我们的生活方式息息相关。那么，哲学为什么要使用抽象的"概念"呢？

法国现代哲学家吉尔·德勒兹[6]和菲利克斯·加塔利[7]在著作《哲学是什么》（1991）中指出，"**哲学是一个致力于创造概念的学科**"。

---

6 吉尔·德勒兹：20世纪法国哲学家，代表着结构主义之后的法国现代思想。他与加塔利合著的《反俄狄浦斯》一书在年青一代中广受欢迎，其思想甚至改变了人们的生活方式。

7 菲利克斯·加塔利：20世纪法国哲学家。他与吉尔·德勒兹合著的《反俄狄浦斯》一书备受关注，此后二人经常合作。作为实践家，他经常表达革命性的思想。

这里所说的"**概念**"[8]也就是"concept",最近在开发商品或产品的过程中也频繁被使用。例如,新产品上市时,广告里常常会强调其"概念"。

也就是说,"概念"一词并不是哲学特有的。那么,在哲学中,"创造概念"是什么意思呢?为了便于理解,我们可以将哲学中的"概念"称作"思考的眼镜"。

哲学家们创造了各种各样的"思考的眼镜"。例如,柏拉图的"理念"(Idea),笛卡尔的"我思故我在"(Cogito, ergo sum),黑格尔的"精神"(Geist)[9],不胜枚举。哲学家们邀请我们戴上这些"眼镜",仿佛是在对我们说:"用这些眼镜看世界吧!你将看到不同于以往的全新景象!"

哲学并不同于科学,它不需要进行实验或统计,只通过使用概念来进行理论性的活动。因此,哲学常因使用抽象晦涩的语言而遭受诟病。

然而对哲学来说,通过"概念"来看待世界是一种必要的方式。使用哲学的"眼镜"(概念),你将看到一个与以往不同的世界。而如果不使用概念(思考的

---

8 概念:在哲学中指思考事物时最基本的思考方式和思考框架,近年来也开始应用于商业领域,意为制定业务战略时所遵循的基本理念。

9 精神:源于德语中的"Geist"。比起个人思维,它更适用于广泛的共同体或时代的共性方式。例如,黑格尔的著作《精神现象学》就是该词的典型用法。

"眼镜"），也就无法意识到这些事情。

因此，虽然哲学的概念令人感到抽象和困难，需要适应一段时间，但一旦理解了它们的含义，就能扩展出具体的想象。通过哲学，我们可以与新的世界相遇，请享受这个发现新世界的过程。

需要记住的是，**思考的眼镜可能适合某些人而不适合其他人**。不仅如此，哲学中的概念还会随着时间的推移而变化。就像选择适合自己的眼镜一样，你需要选择适合自己的思考方式和概念。合适的眼镜（概念）会让我们的生活更加丰富多彩。

—— 专栏 ——

德勒兹 - 加塔利常用来指吉尔·德勒兹和菲利克斯·加塔利。二人经常合作撰写书籍，因此这个简称应运而生。尽管 19 世纪的马克思 - 恩格斯是最著名的合著者，但在 20 世纪，阿多尔诺 - 霍克海默的《启蒙辩证法》也是一部非常重要的共著作品。在共同创作时，最常见的问题是"份额问题"，即哪位作者撰写了原稿的哪些部分，以及两位作者如何协同合作。此外，还需要考虑两人的观点是否相互对立。进入 21 世纪后，现代科技的发展让多人共同创作越来越容易，因此共同创作的问题也将变得越发重要。

Basic (4)
哲学是重新学习如何看待世界

哲学与其他学科（如科学）不同，没有明确的专业领域。因此，即使决心进行"哲学探索"，人们也往往困惑于究竟应该探索什么。此时，让我们回顾法国哲学家梅洛-庞蒂[10]的名言："**真正的哲学是重新学习如何看待世界。**"

在哲学出现以前，人类就已经在"看世界"了，为什么还需要"重新学习"呢？"重新学习如何看待世界"究竟意味着什么？

梅洛-庞蒂对此进行解释时，给出了许多心理学中视觉错误的例子，让我选取其中一种进行说明。例如穆勒-莱耶错觉，这种视觉错误通常被描述为"两条长度相等的线段，开口朝外的箭头会使其看起来更长，而开口朝内的箭头会使其看起来更短"。

这一图形之所以被称作"视觉错误"，是因为长度相等的线段会被错误地看成长度不等。然而问题在于，如何证明线段"长度相等"才是真实的呢？

10　梅洛-庞蒂：20世纪法国哲学家。比萨特年轻3岁，同样研究胡塞尔的现象学。但他特别关注了胡塞尔后期的现象学，并提出了与萨特不同的现象学观点。其主要著作为1945年出版的《知觉现象学》，该书阐明了人类的被动性。

在这个例子中，我们早已预设了前提，即通过科学进行理解的世界（通过数学测量出的世界）才是真实的世界，而日常生活中体验到的世界则可能是错误的。

图2　穆勒 - 莱耶错觉

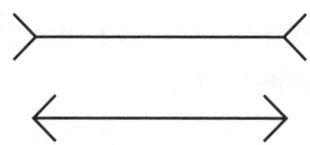

通过忽略日常生活中的经验，我们建立起了科学的世界。但是，这并不意味着只有客观的科学世界才是唯一正确的。

正因如此，我们才需要回到日常生活中，学习视角的多样性。事实上，上文所说的"相同长度"仅仅是指去掉箭头之后所能"看到"的长度，以及在使用标尺时所能"看到"的长度而已。

如此看来，科学的视角和日常生活的视角似乎存在着对立，但它们都属于视角。通过这种思考方式，我们或许可以以新的视角理解所谓"客观"世界的含义。

这种情况也常常出现在常识性的态度中。哲学可以让我们重新学习如何看待世界，从僵化的态度中解放出来，不再仅凭既定看法作出判断。

──── 专栏 ────

第二次世界大战后的法国哲学通常被分为三个时期,分别对应着战后迅速兴起的存在主义[11]、20世纪60年代的结构主义[12]、20世纪60年代后期开始的后结构主义[13]。在从存在主义向结构主义转变的时期,梅洛-庞蒂从现象学的角度进行了重要的研究。尽管他比存在主义者萨特小3岁,但他依据德国哲学家胡塞尔[14]的现象学后期思想构思了新的哲学,与萨特分庭抗礼。

---

11 存在主义:根据萨特在《何为存在主义》中的描述,存在主义是主张"存在先于本质"的哲学。萨特列举了克尔凯郭尔、尼采、海德格尔、雅斯贝尔斯、马塞尔等人作为其渊源。然而,这些人物本人对他们被视为存在主义的代表人物,以及对存在主义这一哲学概念本身,似乎持有不同的看法。
12 结构主义:作为一种哲学理论,结构主义指20世纪60年代流行于法国的理论。然而,代表人物列维-斯特劳斯的主要著作《亲属关系的基本结构》出版于1949年,早于其流行的时期。此外,根据列维-斯特劳斯的观点,只有人类学和语言学可以成为结构主义的对象领域。
13 后结构主义:20世纪60年代末至70年代末流行于法国的思想理论。这一术语最初为美国新闻界所使用,其代表人物德里达等人否认自己是后结构主义者。
14 胡塞尔:19—20世纪德国哲学家。胡塞尔受到布伦塔诺和马赫等人的影响开始研究现象学,其代表作是《纯粹现象学和现象学哲学的观念》,第一卷发表于1913年。他是海德格尔的老师,也影响了萨特和梅洛-庞蒂等人。

Basic 5
从苍蝇瓶中放出苍蝇

哲学是一门通过复杂晦涩的语言建立宏伟体系的学科。然而，维特根斯坦[15]所提出的哲学概念却与此截然相反。他描述了这样一个有趣的场景："在哲学中，您（维特根斯坦本人）的目的是什么？——向苍蝇展示如何从苍蝇瓶中逃脱。"

为了理解这一比喻，我们需要事先确认其他哲学家作过的探索。对此，维特根斯坦写道："当哲学家试图使用'知识''存在''对象''自我''命题''名字'等术语来把握事物的本质时，必须始终问自己以下问题：这些词在其原始语言中是如何使用的？而我们（维特根斯坦）要做的，就是将这些词从它们的形而上学用法再次带回到它们的日常用法中去。"根据维特根斯坦的观点，以前的哲学家一直处于"病态"之中。我们可以将这种病暂且称为"语言形而上学[16]的用法"病。

15　路德维希·维特根斯坦：19—20世纪出生于奥地利的英国哲学家。他生前只出版了一本哲学书籍——1921年出版的《逻辑哲学论》。维特根斯坦去世后，哲学界对其著作及自我批评进行了一系列新的研究和探索。

16　形而上学：这一概念源自亚里士多德的著作《形而上学》，是研究超越感官和经验世界的真实世界及其原则的学问。不过，需要注意的是，"形而上学"的意义因时代和个人而异，因此需要谨慎对待。

维特根斯坦认为，治疗这种疾病是哲学家的职责，这样的哲学家才是被世界需要的哲学家。**"我们需要的哲学家会像医生对待疾病一样去处理问题"**。那么，如何治疗这种病呢？

维特根斯坦认为治疗的方法是将哲学家们使用的术语带回到"日常用语"的范畴内。也就是说，既然哲学家使用晦涩难懂的语言是一种病态，那么将语言的用法引回日常范畴就能治疗这种疾病。

如大家所知，正是哲学家们将语言从日常用法引入形而上学的用法。而维特根斯坦则认为，必须要治愈哲学家们的这种疾病，他将自己的这一想法表述为"向苍蝇展示苍蝇瓶的出口"。

从中我们可以得知，此前许多哲学家对语言存在误解。因此，人们认为通过阐明语言的功能，"哲学问题就能得到解决"。也就是说，**哲学问题源自对语言的误解，而通过阐明语言，这些问题就能得到解决。**

因此，当阅读哲学家的文章时，我们应该时刻注意他们所使用的语言是否正确，务必不要被那些难以理解的词汇迷惑。否则我们就会像苍蝇被困在苍蝇瓶中一样，无法寻找出路。

Basic ⑥
自然探究还是辩证法？

哲学从何时开始？这一问题有两种可能的答案。一种是从泰勒斯开始，另一种是从苏格拉底开始。

从年代上看，泰勒斯[17]比苏格拉底年长许多，所以似乎泰勒斯是更好的答案。然而，将苏格拉底视为第一位哲学家的观点却更加深入人心。

泰勒斯探索万物的根源[18]，是米利都自然学派[19]的重要人物。他认为万物的根源是"水"，而随后的学派则认为根源是其他各种物质，直到德谟克利特主张万物都由"原子"（atom）构成。从这一发展过程来看，**泰勒斯所开创的哲学传统，似乎更接近于如今自然科学领域的研究。**

相比之下，苏格拉底创立的则是"辩证法"（问答法）。这是一种通过与对方直接对话来探索真理的方法。

---

17 泰勒斯：公元前7—前6世纪古希腊哲学家。泰勒斯基于伊奥尼亚学派的自然哲学将万物的根源定为"水"。他常被称为"哲学之父"，与苏格拉底的哲学类型有所不同。

18 万物的根源（Arche）：古希腊概念，用来表示万物的起源。据说该词最早由阿那克西曼德使用。

19 米利都自然学派：约公元前6世纪于古希腊兴起的一种哲学流派，因其诞生于爱琴海沿岸的城邦米利都而得名。该派系包括泰勒斯、阿那克西曼德、阿那克西米尼等人。其研究的重点是探究万物（自然）的根源，因此被称为自然学（哲学）。

具体而言就是向对话的对象提出问题,然后讨论对方的回答是否正确,并再次提出问题,如此通过言语上的追问和对问题更深入的探究来接近真理。

图3 泰勒斯与苏格拉底的哲学

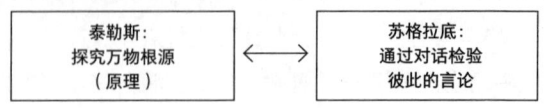

这种类型的哲学后来逐渐形成了哲学传统:**对日常生活中不被怀疑的事情提出质疑和问题,通过检验彼此的言论来寻找真理。而这正是苏格拉底式的方法。**

以上两种类型的哲学后来演变成了自然学、自然科学以及所谓的哲学。然而,在古希腊哲学开端时期,这两种探究都被称为哲学。例如,亚里士多德探究了包括自然学在内的广泛领域,从中我们可以得知哲学在广义和狭义上的含义的区别,这也是哲学这一术语在起初指代整个学术的原因。

如今,当我们提到哲学时,往往会将其与科学区分开来,认为它有独特的研究领域,如认识论和存在论等。但实际上,**哲学最初并没有与科学区分开来,而是一种广泛的学术研究活动。**

所以即使在今天,我们思考哲学时,也不要从一开始就将其限制在狭窄的领域内,开放式地思考哲学问题会让我们拥有更多的可能性。

···— 专栏 —···

包括泰勒斯（公元前624年左右—前546年左右）在内，苏格拉底之前的哲学家们的著作并没有保存下来。因此，我们只能从他人的记述文字中推测他们的思想。其中最著名的莫过于《名哲言行录》，该书不仅介绍了哲学家的理论，还记述了他们生活中的各种趣闻逸事，有八卦文章的味道。虽然书中内容的真实性有时会受到质疑，但由于没有其他可靠文献可供参考，它仍被视为了解古代哲学的必读文献。

Basic ⑦
柏拉图哲学的脚注？

"西方哲学是柏拉图哲学的脚注。"谈起西方哲学的历史时，这句话广为人知。说法也许略显夸张，但也不算完全错误。

英国哲学家怀特海[20]在其著作《过程与实在》（1929）中曾写道：**"西方哲学传统最普遍的特征在于，它由一系列有关柏拉图的脚注组成。"**

实际上，在深入研究哲学史时，无论是反对柏拉图的哲学家还是支持柏拉图的哲学家，我们都可以从中清晰地看到柏拉图的影子，这一点毋庸置疑。

例如，亚里士多德既是柏拉图的学生，但同时也是他最大的批评者。亚里士多德的许多思想都源自柏拉图，但同时也是通过对柏拉图进行根本性批判而形成的。

因此，亚里士多德的哲学在某种程度上与柏拉图哲学相对立，却又极大程度地依赖柏拉图哲学。它们之间的关系如下图所示。

---

20 阿尔弗雷德·诺斯·怀特海：19—20世纪英国数学家、哲学家，与罗素合著了《数学原理》（1910—1913），在逻辑学和数学领域获得高度评价。随后，他转向哲学，重视柏拉图主义，并在这一领域作出了宝贵的贡献。

图4　柏拉图哲学与亚里士多德哲学

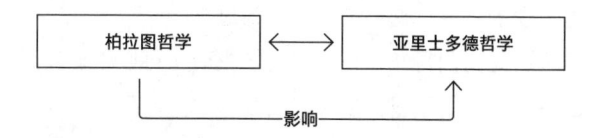

```
┌─────────────┐        ┌───────────────┐
│  柏拉图哲学  │ ←——→  │ 亚里士多德哲学 │
└─────────────┘        └───────────────┘
       └─────────影响─────────↑
```

如果审视整个哲学史,我们会发现柏拉图和亚里士多德的这种对立在中世纪、近代和现代一直反复出现。例如,现代哲学家莱布尼茨[21]的著作《人类理智新论》,便是对英国哲学家约翰·洛克[22]著作的批判,在序言中他这样写道:"实际上,《人类理智论》的作者(洛克)提出了许多高尚的见解,尽管我(莱布尼茨)赞赏它们,但我们的学说仍存在着明显分歧。他的理论接近于亚里士多德,而我的理论接近于柏拉图。虽然我们的理论在许多方面都与这两位古代哲学家的观点有所不同。"

莱布尼茨和洛克之间的对立只是冰山一角。实际上,无论哪位哲学家,最终都会落脚于亚里士多德或

---

[21] 戈特弗里德·莱布尼茨:17—18世纪德国哲学家、数学家。他提出"单子论"作为自己的哲学观点,但发表的著作很少,仅有《神义论》等,逝世后遗留下大量手稿。

[22] 约翰·洛克:17—18世纪英国哲学家,被称为英国经验论(17—18世纪在英国发展起来的哲学思潮,代表人物包括弗朗西斯·培根、约翰·洛克、乔治·贝克莱、大卫·休谟等)的奠基人。其著作《人类理解论》成为经验论的经典文献,《政府论》被视为社会契约论的经典著作。

柏拉图的哲学观。再加上亚里士多德的讨论也都是从其与柏拉图哲学的关系出发,因此"西方哲学是柏拉图哲学的脚注"这一说法也不为过。

由此我们得知,在研究哲学史时,可以根据其源自柏拉图还是亚里士多德来区分。

图5 理性主义和经验主义

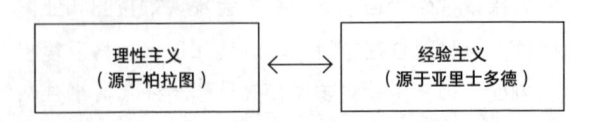

理性主义（源于柏拉图）⟷ 经验主义（源于亚里士多德）

通常情况下,这可以被归纳为理性主义与经验主义[23]之间的对立。二者的对立在不同的时代以不同的形式出现,但基本上可以认为这种对立的重复是哲学史的核心。

23　经验主义:该流派认为人类的知识来源于经验,与合理主义或理性主义处于对立的位置。这一对立可以追溯至亚里士多德（经验主义）和柏拉图（理性主义）,之后这种对立反复出现在哲学史中。

—— 专栏 ——

理性主义与经验主义之间的对立不仅影响了哲学史,甚至还影响了人工智能(AI)的设计思想。现代人工智能使用"深度学习"等技术,意味着更加强调经验主义,而以往基于符号主义设计的传统人工智能则以理性主义为基础。这意味着"西方哲学是柏拉图哲学的脚注"这一说法,也适用于人工智能领域。

Basic 8
对哲学史的理解从"转向"开始

在描述康德哲学的重要特点时,我们常会用到"哥白尼式的转向"这一术语。"转向"一词意味着思维方式发生了根本性的转变。美国哲学家理查德·罗蒂[24]曾用该词来描述20世纪哲学的特点。

当时,罗蒂编辑了一本分析哲学选集并为其撰写了序言,他将选集命名为《语言学的转向[25]》,这一术语因此广为流传。"语言学的转向"本身并非罗蒂自创,只是借用。但由于该词十分引人注目,所以在世界范围内流行开来。值得注意的是,罗蒂当时借用该词是用来描述分析哲学的发展,但随着该词的普及,它已经成为20世纪哲学的整体特征。

如此一来,当20世纪哲学被理解为"语言学的转向"时,人们对如何理解之前的哲学思想也会产

---

24 理查德·罗蒂:20—21世纪美国哲学家,于1979年出版了著作《哲学和自然之镜》,获得高度评价。此外,罗蒂还重新评价了实用主义,提出新实用主义。
25 语言学的转向(Linguistic turn):最初被用来描述20世纪分析哲学的成立,后来被用来描述整个20世纪哲学的特点。

生好奇。例如,德国哲学家尤尔根·哈贝马斯[26]曾说:"将源于科学史的'范式'概念转移到哲学史中,以'存在''意识'和'语言'为线索对哲学史进行大致的时代区分,这种方法目前已经被广泛接受与认可。相应地,思考方式也可以被划分为存在论、反省哲学和语言学。"

因此,**在谈到哲学史的发展时,我们可以以三个转向作为主轴**。但如此一来就会面临一个问题:如何处理中世纪哲学。

如果将中世纪哲学放入古代的范畴,那么可以称之为"存在论的转向";如果将其独立开来,也可以加入"神学的转向"这一词条。

图6 哲学史的三大转向

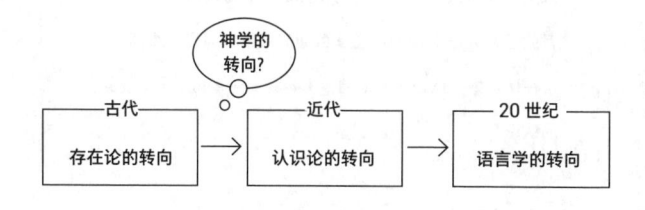

```
          神学的
          转向?
            ○
┌─古代───┐   ┌─近代───┐   ┌─20世纪──┐
│存在论的转向│ → │认识论的转向│ → │语言学的转向│
└───────┘   └───────┘   └────────┘
```

此外,进入21世纪后,现代和未来的哲学又会出现何种转向?这也是一个备受关注的问题。实际

---

26 尤尔根·哈贝马斯:20—21世纪德国哲学家,被认为是法兰克福学派的第二代哲学家,批判理论的重要代表人物。哈贝马斯创立了沟通行为理论,并对民主主义发表了积极的意见,在德国思想界有重大影响力。

上，现在的哲学家们已经提出了各种候选方案，如"实在论的转向""自然主义的转向""媒体论的转向"等，但目前尚未达成共识。

随着现代社会的发展，社会的关注将越来越聚焦于"技术"领域。也许，"技术论的转向"会成为21世纪指引哲学方向的关键词。

—— 专栏 ——

"哥白尼式的转向"指康德哲学所引发的思考方式的革命，但康德本人并没有直接使用该词。当听到"哥白尼式的转向"这一术语时，人们通常会联想到哥白尼的日心说，即地球围绕太阳公转。但当康德提及哥白尼时，所想的并不是公转，而是地球的自转运动。如果误解这一点，我们就无法理解康德和哥白尼的相似之处。哥白尼发现，观察者的运动会影响我们对星体运动的观察。同样，康德揭示了在认识中，认识者的活动会影响我们对事物表象（现象）的认识。

Basic 9
哲学是剽窃的历史？

在阅读哲学家的著作时，我们往往会陷入一个误区：认为哲学家提出的思想都是原创的。特别是在那些闻名遐迩的哲学家身上，这种误解就更为普遍。

然而，这种看法完全是错误的。**无论多么伟大的哲学家，都或多或少地借鉴了前辈和同代人的思想与表述。**只是他们往往不公开承认这一事实。尽管他们在自我意识层面认为自己是原创者，实际上总会受到不同形式的影响。尤其是当哲学家的核心思想中存在这样的借用时，**他们往往保持沉默。**

这也是导致哲学难以理解的原因之一。阅读哲学著作时，我们往往会对作者为什么会使用这样的表述感到困惑。然而，这通常是受到他人影响的结果。

以尼采[27]为例，被认为是尼采式概念的"超人""虚无主义""上帝已死"等，全都是从其他地方借用而来。尼采有意采取了这种借用，并进行了"戏仿"。这种情况并不仅限于尼采，另一个著名的例子

---

27 弗里德里希·尼采：19世纪德国哲学家。其思想以希腊古典文献学为根基，曾出版以希腊悲剧为主题的《悲剧的诞生》等作品，但是，他后来对自己的思想进行了自我批判。尼采的主要作品包括《查拉图斯特拉如是说》，该书宣称"上帝已死"，并宣布了虚无主义的到来。

是帕斯卡[28]的《思想录》。据说他在写作时翻阅蒙田[29]的《随笔集》，并以此为灵感创作出大量相似的表达。因此，《思想录》中还标明了与《随笔集》的对应之处。然而需要注意的是，这并不意味着帕斯卡的作品不值得尊重。

其实，认为哲学家应该仅用自己原创的思想来写作，这个想法本身就是可疑的。例如，被认为是哲学史起源的柏拉图[30]据说就是受到了毕达哥拉斯主义[31]的深刻影响，更不用说他的老师苏格拉底[32]了。

柏拉图哲学中特有的概念——"理念"[33]，最初就是由毕达哥拉斯派提出的。其他柏拉图的特有概念也存在相似情况。

28　布莱士·帕斯卡：17世纪法国哲学家、数学家、物理学家。遗作集《思想录》在其去世后由友人编辑而成，因此有多个版本。这本书以短小的段落为主，对人类进行了微妙而深刻的观察，被归类为法国道德主义的代表作品。

29　米歇尔·德·蒙田：16世纪法国哲学家。其著作《随笔集》于1580年开始相继出版。这部作品以敏锐的人类观察和轻松幽默的表达方式见长，被视为法国道德主义的源头。蒙田对一切事物都不作断言，并常常发问"我知道什么"，他发展和深化了怀疑论。

30　柏拉图：参照Basic 2。

31　毕达哥拉斯主义：公元前6世纪毕达哥拉斯所创立的宗教学派的基本思想。该学派以数学为原则，用均衡和谐的方式理解宇宙和人生。

32　苏格拉底：参照Basic 2。

33　理念（Idea）：该词最初的含义为"被看到的东西"，但柏拉图认为，它指的是超越感官世界的真实存在，即"本体"。

只要稍加思考，我们就可以找到许多类似的例子。因此，**即使是理解一位哲学家的思想，也需要考虑到其历史关系和时代背景。** 哲学家们在相互影响的同时，塑造着自己独特的理论。如果不理解这一点，就无法深入理解哲学。

在看待看似原创的哲学家的思想时，识别出其中受到他人影响或借鉴的部分，也是理解哲学史的重要视角。

---- 专栏 ----

"戏仿"一词指对他人的作品进行模仿或改编。戏仿不隐藏原作，而是在明确原作的前提下，通过巧妙的扭曲和变化来引读者发笑。尼采杰出的作品之一《查拉图斯特拉如是说》在最初的构思阶段曾被尼采视为一部悲剧，但后来他改变了想法，决定将其作为一种"戏仿"来完成。这部作品的主人公查拉图斯特拉是历史上琐罗亚斯德教的创始人，而其叙述风格则类似于《圣经》。此外，该作品的核心思想也属于借用，这使它成为一部堪称完美的戏仿之作。如果读者在阅读时意识到这一点，就会在严肃的《查拉图斯特拉如是说》中发现一些别具一格的娱乐性。

Basic 10
"大写的哲学"时代已经结束！

随着时间的推移，哲学对其他学科的影响发生了翻天覆地的变化，哲学所探讨的议题也历经了变迁。为此，我们可以将哲学的历史大致分为四个时期。

古希腊时代的代表人物亚里士多德[34]认为，哲学是一门"栋梁式的学科"，可以统领其他各种学科。亚里士多德既研究逻辑学、自然学、政治学，又从事诗学、辩论术等多个领域的探究，他认为这些领域的研究都应受到哲学的指导，**而哲学的重点在于探究"存在的存在"。**

中世纪时期，基督教的力量逐渐强大，希腊哲学被神学主宰。哲学在这个时期被视为"自由艺术"的代表，成了为神学服务的辅助学科。

进入近代后，随着专业学科的发展，哲学开始担任新的角色——其他学科的基础性学科。有的学科将其视为头号学科，而有的学科则视之为辅助性学科，无论如何，哲学都被视为其他学科的重要组成部分。这一时代的哲学也被称为"大写的哲学"（Philosophy）。

然而，到20世纪后半叶，"大写的哲学"形象彻

34　亚里士多德：参照 Basic 2。

底瓦解。人们发现哲学不仅不能像古希腊时代那样指导各种学科，也不能像近代那样作为各种学科的基础。于是哲学开始被视为与其他学科一样的专业学科，被称为"小写的哲学"（philosophy）。值得注意的是，在这种变化发生时，哲学探究的具体内容再次受到了质疑，因为哲学最初并没有明确的专业领域。

—— 专栏 ——

德国哲学家马丁·海德格尔[35]认为，哲学始于古希腊，但在现代已经迎来了终结。原因在于哲学最初包含了自然学在内的许多学科，但随着时代的变迁，这些学科逐渐独立成专业科学领域，哲学已经所剩无几了。例如，"心灵"这一学科领域，自亚里士多德在《论灵魂》中探讨后，一直是哲学的重要研究对象。但如今，"心灵"已经成了心理学这一专业科学的研究对象，不再是哲学独有的探讨领域。就这样，持续了 2500 多年的哲学如今被认为已经走到了尽头。然而，无论是否认同这一观点，我们都需要认真探讨哲学的未来可能性。

35　马丁·海德格尔：19—20 世纪德国哲学家，被誉为 20 世纪最伟大的哲学家之一，影响力遍及全球。他在 1927 年出版的著作《存在与时间》犹如电光石火般传遍德国。然而，20 世纪 30 年代海德格尔与纳粹合作，对其产生了重大的负面影响，因此，对海德格尔的评价至今仍有争议。

Chapter 1
人：人是什么？

探索哲学应从何处出发？这是一个令人困惑的问题。哲学的历史已经超过了2500年，其内容也是千差万别。

常言道："有多少哲学家就有多少种哲学。"因此，即使在哲学的入门阶段，我们可能也已经眼花缭乱，迷茫不已。

实际上，这种不安完全是杞人忧天。20世纪最伟大的哲学家之一马丁·海德格尔[36]在他的《哲学入门》讲义（全集27卷）中指出："即使我们对哲学毫无了解，我们也已经身处于哲学之中。"这是因为**"只要以人的身份存在着，我们就不可避免地进行着哲学探索"**。

因此，哲学探索并不需要特别的知识。只要活着，我们就会面对各种事件，并思考应该如何处理。

某些事情表面上看似乎与哲学无关，实际却与哲学有着深刻的联系。

"成为人，就是在进行哲学探索。"海德格尔如是说。

只要活着，就已经踏入了哲学的领域。也许我们

36　马丁·海德格尔：参照 Basic 10。

未曾察觉，但我们已经在某种程度上思考了哲学涉及的诸多问题。哲学并非所谓"专业哲学家"的专属领域。相反，**它源自人类生活的点滴。**

因此，在开始探索哲学之际，首先需要从"人是什么"这一问题出发。

哲学史告诉我们，**无论何时何地，"人"始终是哲学探究的核心议题。**在古代和中世纪，哲学常以宇宙和神为主题，但这背后始终潜藏着对人的关注。而近代哲学，则更加直接地将"人"摆在了焦点位置。

因此，在本章中，我们将探讨哲学的基石——"人"——是如何被理解的。

Basic (11)
所有问题都是人的问题

"人是什么"这一问题在哲学中占有特殊地位。18—19世纪的德国哲学家伊曼努尔·康德[37]在区分哲学的"学院意义"和"世界公民意义"时,曾指出"世界公民意义"的哲学领域可以被概括为以下问题:

(1)我能知道什么?——这是形而上学要回答的问题。

(2)我应该做什么?——这是伦理学要回答的问题。

(3)我应该追求什么?——这是宗教要回答的问题。

(4)人是什么?——这是人学要回答的问题。

前三个问题都与最后一个问题有关,因此我们可以将所有问题都统称为人学。

关于如何划分哲学的范畴,自古以来一直存在不同的观点。尤其是"学院意义"下的哲学,形成了复杂的体系。然而,康德所描述的并非专业哲学家的哲学,而是涉及所有人的哲学,即"世界公民意义"的哲学。

37　伊曼努尔·康德:参照 Basic 1。

图7 "世界公民意义"下的哲学

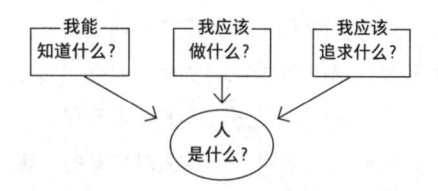

```
我能          我应该         我应该
知道什么？    做什么？       追求什么？
      ↘        ↓         ↙
            人
           是什么？
```

康德提出的分类法异常简单明了。因此，本书也会基本遵循这一分类法（对"我应该追求什么"这一问题所对应的领域稍作了一些修改）。

值得注意的是，康德认为哲学的所有问题最终都可以归结于探讨"人是什么"。

通过康德对这一问题的明确阐述，我们可以知道，对哲学来说，探究人的本质究竟有着怎样的意义。然而，在使用"人学"这一术语时，我们仍要注意一些问题。

在探究"人是什么"时，我们可以将其视为动物学的一个分支，从而研究人类的特质和性格等，这种探究被称为"生物学人学"。此外，还有"文化人类学"（也是人学的一部分），即研究社会中人类的亲属关系等问题。

然而，哲学对"人是什么"这一问题的探究，所涉及的层面是完全不同的。

在哲学中，**我们从"人"这一角度出发，探究整个**

宇宙、神、社会等领域如何与人类息息相关，又被人类赋予了何种意义。人是各种探究的起点，我们对其他领域的理解也会随着人的存在方式而变化。

基于此，德国哲学家马克斯·舍勒[38]提出了"哲学人类学"[39]的概念。他于1928年发表了题为"人在宇宙中的地位"的演讲，强调人对自身的理解（"人的自我形象"）会影响他们对世界的理解。

遗憾的是，在这次演讲之后，舍勒很快去世了，没有完成他对"哲学人类学"的研究。即便如此，他的基本构想至今仍受到高度评价。

---

38 马克斯·舍勒：19—20世纪德国哲学家，提出了哲学人类学的概念，但其研究仅停留在构想阶段。

39 哲学人类学：从哲学角度探讨"人是什么"的学科。这一概念源自康德的哲学构想，主张将人放在哲学的核心位置。进入20世纪，马克斯·舍勒等人继承这一构想，将哲学人类学作为研究课题。

Basic 12

人啊，认识你自己！

我们常常自信满满地认为，自己是最了解自己的人。但当被质疑时，可能又会开始怀疑：我们真的了解自己吗？

尤其是在观察他人时，我们常会感到疑惑：那个人真的了解自己吗？也许，**人类最不了解的就是自己。**

古希腊时代，苏格拉底[40]在刚开始探索哲学之际曾对自己提出要求："认识你自己。"基于这一要求，苏格拉底意识到自己的"无知"，并开始寻求真正的知识。这是一种对知识的热爱，同时也是哲学的起点。

进入启蒙时代，哲学家勒内·笛卡尔[41]也高声呼吁"认识你自己"。在开始哲学之路时，笛卡尔**审视自己已有的知识，不断探究其中的真伪，对任何稍有疑问的事物都保持怀疑态度**。这也被称为"方法论的怀疑"。

举例来说，感性知识有可能出现错误，甚至数学知识都可能出现错误。在我们试图排除任何可疑的事

---

40 苏格拉底：参照 Basic 2。
41 勒内·笛卡尔：16—17世纪法国哲学家，被认为是近代哲学的奠基人。他开创了与中世纪哲学不同的哲学传统。通过"我思故我在"的命题，笛卡尔确立了哲学的原理，并开创了主体哲学。

物时,甚至可以质疑梦境与现实的区别。

实际上,笛卡尔在其哲学著作《第一哲学沉思集》中曾这样写道:"我恍然发现,没有任何确切的标志可以让我明确地分辨出清醒和梦境。这个发现深深地震撼了我,我不禁开始怀疑自己是否真的清醒,也许我正处于幻梦之中。"

这段话表达了两个关键观点:第一,**即使在梦醒之后,我们意识到梦中以为的现实事物其实只是幻觉,但在梦中仍能体会到真实感。第二,即使我们在感知现实,也能认为自己处于梦境中。**因为没有确凿的证据能证明我们经历的一切是真实的,而非虚幻的梦境。

如果深入探究这一观点,我们**甚至可以怀疑连人类所看到和认为是真实的世界都只是一场巨大的幻觉。**这一问题也在之后引发了众多不同形式的思想实验、论述和批评。

有趣的是,梦境和现实的问题不仅在哲学领域得到了探讨,还被广泛应用于科幻小说和电影的主题中。近年来,随着虚拟现实(VR)和增强现实(AR)技术的发展,这一问题甚至可以通过技术手段再现。

从中我们可以看出,笛卡尔的"方法论的怀疑"具有非常广泛的适用范围。

····— 专栏 —····

美国小说家菲利普·K.迪克曾以"梦幻与现实难以分辨"为主题,创作了小说《全面回忆》。该作品后被改编为电影,由阿诺德·施瓦辛格主演。故事情节涉及通过做脑部手术创造"虚假记忆",却意外引发与之前经历的"真实记忆"相混淆的情况,区分真假记忆于是变得艰难无比。然而,这种情况是否仅发生在虚构的小说和电影中呢?

Basic 13
人是"死囚"?

假设你对准备去钓鱼的人说:"我现在就把你要钓的鱼给你,你别去钓鱼了,怎么样?"那么这个钓鱼人真的会说"那太好了",并因此放弃钓鱼吗?

恐怕不会这么简单。钓鱼人也许会生气地回答:"我又不是想要鱼!"因为钓鱼人追求的不仅是"鱼",还有那种钓鱼的"消遣"心境。

与笛卡尔同时代的帕斯卡[42]在他的遗作《思想录》中也曾表达过类似的思想。帕斯卡说,**人类身处极其悲惨的境地,因此才不得不发明各种消遣方式,以逃避现实的残酷。**

例如,游戏等娱乐无疑是消遣的典型,但连工作、学习,甚至恋爱,也常常成为人们的消遣活动。如果没有任何消遣,仅仅被赋予时间,会怎么样呢?一定会无聊至极,转身去寻找某些消磨时间的活动(消遣)。例如,当我们离开工作了多年的公司(消遣场所),会感到茫然无措,需要寻找其他的消遣来填补空虚。

那么,让人们想寻求消遣的根源是什么呢?帕斯卡认为是因为人类的处境极其悲惨。他把人比喻为死

---

42 布莱士·帕斯卡:参照 Basic 9。

囚，并说："想象这样一个场景，几个人被铁链锁住，大家都被判了死刑。每天，他们中的一些人要在其他人的注视下被杀害。剩下的人意识到他们的命运与同伴一样，只能沉浸在悲伤和绝望之中，互相对视，等待着自己的死亡来临。这一画面就是人类状况的写照。"

我们都无法逃脱死亡的宿命，每天见证着他人死去，正如帕斯卡所描述的那般。

然而，即使人人都是"死囚"，我们仍无法承受目睹死亡的残酷事实。于是，我们寻求各种"消遣"来逃避这一现实。如果没有消遣，生命不仅会变得单调乏味，还会变成令人惊恐不已的梦魇。

海德格尔[43]在他的著作《存在与时间》中，将人类的这种存在方式称作"向死而生"。人类像是被抛到死亡的深渊中，无法幸免。如果人类像帕斯卡所说的寻求"消遣"，就会陷入非本真的、颓废堕落的状态中。

从海德格尔的角度来看，人们需要从颓废中醒悟过来，正视死亡，探寻本真（也被称为"先行的决断"）。

但纵观海德格尔的一生，他曾与纳粹合作，同时有过多位情妇，这或许意味着他没有放过任何"消遣"的机会。

43　马丁·海德格尔：参照 Basic 10。

···— 专栏 —···

帕斯卡的《思想录》中有许多名篇,如《人是会思考的芦苇》《克利奥帕特拉的鼻子》《比利牛斯山的此岸与彼岸,善恶的标准完全不同》等。他的《思想录》和蒙田的《随笔集》一样被认为是人类研究的重要文献,同样用简单的语言写成,推荐大家阅读。

Basic (14)
不仅关注意识，也要重视潜意识

在探究人类的"心灵"时，人们通常会将焦点集中在"意识"上。

例如，心不在焉的时候，如果有人问你："你在做什么？"你可以回答："我在考虑午餐要吃什么。"

此时，你可以将内心视作一个只有自己知道的秘密领域。然而，在探究人类的心灵时，仅仅聚焦于自己已知的意识是否足够呢？

以梦境为例。有时，我们可能无法理解自己为什么会做那样的梦。这是因为也许在毫无意识的情况下，某种力量在支配着我们的心灵，暂且称这种力量为"潜意识"。

也就是说，人的心灵中不仅存在着意识，还潜藏着潜意识。

西格蒙德·弗洛伊德[44]是探索人类潜意识并揭示其结构的先驱。他是活跃在19世纪末的维也纳的精神分析学家。虽然他自认为是科学家，但人们也将他

44　西格蒙德·弗洛伊德：19—20世纪奥地利心理学家、精神科医生。弗洛伊德揭示了人类的潜意识，并创立了精神分析学派。他提出了"俄狄浦斯情结"等重要概念，对后世学问产生了深远的影响。

看作哲学家。因为探究心灵的奥秘一直以来都是传统哲学的任务之一。

在评价弗洛伊德时，人们经常将他与哥白尼和达尔文相提并论，因为他们三人共同完成了批判人类傲慢的三次革命。

哥白尼的科学革命批判了将地球视为宇宙中心的观点，达尔文的进化论革命批判了人类与其他动物不同的观点，而弗洛伊德的心理学革命颠覆了意识中心主义对人类心灵的看法。

图8　弗洛伊德提出的心灵结构

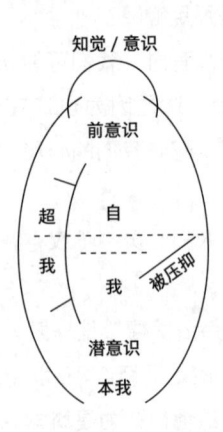

弗洛伊德提出，**占据人类心灵广阔领域的是"潜意识"，而"意识"只是表面狭小的一部分。**更棘手的是，弗洛伊德认为驱使"潜意识"的是非理性的欲望，这是人类难以控制的。

例如,对于爱因斯坦的问题"为什么人会发动战争",弗洛伊德作出了如下回答:"人类的欲望可以分为两种。一种是想要保持和统一的欲望……这种欲望也可以称为爱欲……或是性欲……另一种欲望则是想要破坏和杀戮的欲望,可以称为攻击本能或破坏本能。"

如果人类的潜意识中确实存在着爱欲、性欲以及破坏和杀戮的欲望,那么人类还有可能避免战争吗?

即使我们在意识层面上呼吁理性主义,倡导和平,但也是十分无力的。在这种情况下,我们到底该怎么办?

在了解弗洛伊德的"潜意识"概念之后,人类必须从根本上重新思考战争与和平的问题。

实际上,这并不仅仅是关于战争的问题。**过去,哲学一直以"意识"为模型来思考问题。**如果人类心灵深处存在着"潜意识",或许我们还需要重新塑造哲学本身。

Basic (15)
人是人与人之间的关系

当听到"人"(日语为"人間")这个词时,我们脑海里最先浮现的可能是人作为独立个体的形象。

既然如此,只用"人"就足够了,不需要加上"間"(意为关系),那么为什么还要用"人間"一词呢?

日本哲学家和辻哲郎[45]在其著作《作为人学的伦理学》中,将"人間"这个词读作"じんかん",并将其定义为"人与人之间的关系"。

和辻哲郎认为,"人間"这个词的基本含义是"人与人的关系",也就是"社会"或"世界",但是由于"原本的含义被错误使用,才变成了人的意思"。因此,如果要探究"人是什么",就必须阐明各式各样的人际关系和社会的存在方式。

其实早在古希腊时代,哲学家亚里士多德[46]就表达了类似的见解。在其著作《政治学》中,亚里士多德将人与神及其他动物进行对比,并这样说道:"人天生就是一种城邦动物……城邦是比个人和家庭更

---

45 和辻哲郎:19—20世纪日本哲学家。他基于日本特有的集体意识构思了独特的"伦理学"。其著作《风土》也被视为日本文化论的重要著作。
46 亚里士多德:参照 Basic 2。

自然、更必然存在的结构,因为整体必然先于其部分……对于那些不能与他人共同生活的人,或者因为自给自足而根本不需要共同生活的人,他们无法成为城邦的一部分,只能是野兽或神明。"

这里所说的"城邦"可以理解为现代意义上的国家。因此,可以将亚里士多德的观点作如下表述:人天生就是一种需要共同生活在国家中的动物;不共同生活的人不是人类,而是动物或神明。

现代社会的观念是,我们以个人为前提,进而形成整体的"社会"。这与亚里士多德的观念相悖,他早就否定了这种无视共同性、将个人分离出来的想法。

当然,我们也不能忽视个人而仅考虑共同体。这样的国家就像幽灵一样,根本不存在。

人类社会归根到底是人类相互关系的总和。

个人和社会是相互依存的,它们不能单独存在。**考虑个人时必须始终考虑到社会,考虑社会时也必须牢记个人。**也就是说,理解"人"的关键在于具体地阐明个人和社会的关系。

···— 专栏 —···

和辻哲郎不仅阐明了"人間"的含义,还明确了"伦理"和"道德"的区别。他认为,"伦理"的"伦"意为"同伴""朋友",因此意味着社会群体的规范。相比之下,"道德"仅仅是个人内心的态度,不具有集体性。简言之,伦理是社会规范,而道德是个人态度。因此,"作为人学的伦理学"是指由人与人之间的关系(人际关系)形成的社会群体规范,也就是"伦理学"。和辻通过追溯汉字的字义,试图构思出优于个人道德的社会伦理学。

Basic (16)
作为演员的人

"Person"这个英文单词源自拉丁语中的"persona",最初指戏剧中使用的"面具",后来引申为戏剧中的"角色"或"演员"。

后来,"persona"与戏剧的关联逐渐减少,开始在日常生活中被使用,但该词的基本意义仍是"角色"。然而,到了现代,"persona"逐渐失去了"角色"的含义,开始指代与"物"有所区别的"人物",进而演变为"权利主体"或"行为主体"的意思。如今,再提到"person"一词,很少有人会想到"角色"的意思。

对于这种新的观念,德国哲学家卡尔·洛维特[47]提出了异议。他试图恢复"persona"的本质含义,并于1928年出版了《共存的现象学》(原名《个人在集体中的角色》),以"persona"为基础,重新诠释了"个人"。

书中,洛维特以诺贝尔文学奖得主、意大利剧作家皮兰德娄的戏剧为例,提出:"人类个体具有'persona'(人格)这一存在方式,**本质上是在共存**

---

[47] 卡尔·洛维特:19—20世纪德国哲学家、哲学史学家。他曾受到海德格尔的指导,但由于犹太血统而被迫流亡,曾一度在日本任教。

的世界中扮演着某种特定的角色,来实现其现实存在。"

具体思考一下,"角色"对个人来说意味着什么。假设我是儿子,那就是对父母而言,丈夫则是对妻子而言。同样,教师是对学生而言,下属是对上司而言。

也就是说,**人类个体本质上是通过与他人的相应关系来实现自己的现实存在**。也可以说,人通过扮演与他人不同的"角色"而存在着。

然而,即使角色概念的意义不可否认,那么脱离角色就不能理解个人吗?在这一点上,似乎可以看出洛维特和他所分析的皮兰德娄之间微妙的差异。

皮兰德娄认为个人无法脱离角色来思考。在他的剧作中,人物经常会说**自己是对他人而言的存在**,"**对我自己来说,我什么都不是**"。

与此相对,洛维特虽然承认了"角色"的重要性,但他试图确保个人的独立性不被角色消解。"角色"到底是像衣服一样可以穿脱的外在工具,还是无法抹去的深刻烙印呢?答案似乎有关于我们对"人"最本质的理解。

····— 专栏 —····

　　洛维特分析了意大利作家皮兰德娄的戏剧作品《是这样，如果你们以为如此》(1917)。这部戏剧围绕着彭察先生和他的妻子（彭察夫人）以及岳母芙罗拉夫人的人际关系展开。按照彭察先生的说法，现在的彭察夫人是他因先妻莉娜去世而再婚的对象朱莉娅。而根据芙罗拉夫人的说法，彭察夫人是芙罗拉夫人的女儿（莉娜），彭察先生是以再婚的形式与莉娜结婚的。戏剧的高潮在于彭察夫人是"朱莉娅"还是"莉娜"，但最后彭察夫人的回答（"对彭察先生来说，我是朱莉娅，对芙罗拉夫人来说，我是莉娜。但对我自己来说，我什么都不是"）引出了更多谜团。

Basic 17
人是有缺陷的动物

古希腊的柏拉图[48]在其对话录《普罗塔戈拉篇》中提到了古希腊神话中普罗米修斯和厄庇米修斯兄弟的故事。

据说当神明们召唤兄弟俩前来，让他们"为每个动物分配适合的工具和能力"时，弟弟厄庇米修斯请求哥哥让他独自完成这项任务。结果如何呢？柏拉图写道："可是厄庇米修斯不太聪明，不小心把所有的能力都分配给了动物，没有给人类留下任何装备。他很困惑接下来该怎么办，这时恰好普罗米修斯来检查分配情况。他发现其他动物都得到了合适的装备和能力，人类却什么也没有，赤身裸体、没有鞋子、没有床、没有武器。"

看到弟弟犯下这样的错误，哥哥普罗米修斯为了弥补过失，偷取了火种和技术知识带给人类。

这个故事有两个重点。一点是，**与其他动物不同，人类没有特殊的装备或能力，是一种"有缺陷的存在"**。他们没有皮毛来避寒，也没有羽毛来飞翔；他们不能像猎豹一样快速奔跑，也没有狮子的利齿。

另一点是，**因为人类是一种"有缺陷的存在"**，所

---

48 柏拉图：参照 Basic 2。

以需要"技术"来弥补。 有一项人类标准叫"Homo faber"[49],这意味着技术的历史与人类的历史同样悠久。虽然技术听起来像是最近才出现的成果,但实际上技术一直与人类共存,伴随着人类的诞生和发展。

虽然如此,技术在哲学领域却一直没有得到足够的关注,甚至有人认为它一直受到压制。不过,到了20世纪,技术问题已经开始成为哲学的主要议题。

德国哲学家阿诺德·格伦[50]承担了这一重要的任务。他在1940年出版了《人,他的本性及在世界上的地位》,将人定义为"有缺陷的存在",并在这个基础上发展出哲学人类学。此外,几年前去世的法国哲学家贝尔纳尔·斯蒂格勒[51]撰写了一部名为《技术与时间》的巨著,强调了技术的根本意义。可以说现代哲学已经无法离开对技术的探讨。

49　Homo faber:拉丁语造词,意为"劳动的人",作为与"Homo sapiens"(智人)相对的概念。该词很早就已出现,进入20世纪,马克斯·舍勒和亨利·柏格森等哲学家也开始使用。
50　阿诺德·格伦:20世纪德国哲学家。他发展了哲学人类学,并对现代保守主义产生了影响。
51　贝尔纳尔·斯蒂格勒:20—21世纪法国哲学家。他有着丰富的媒体和技术知识,以撰写《技术与时间》为终身事业,尽管在世时并未完成。

— 专栏 —

哲学家斯蒂格勒的职业生涯十分特殊。他出生于1952年，但因卷入1968年的学生运动而辍学（大学）。之后他不断换工作，最终开了一家咖啡酒吧，却因生意遇到困难而开始沉迷于酒和药物，后因犯下银行抢劫罪而被判刑5年。在监狱里，他对哲学产生了兴趣，并通过远程教育获得了大学学位。出狱后，在哲学家雅克·德里达的指导下，他开始撰写博士论文。之后，他发表了重要著作，从而确立了今天的地位。他的经历如此不寻常，令人惊叹！斯蒂格勒的故事告诉我们，无论何时何地都可以开启哲学之路。

Basic (18)
人在玩给出理由和寻求理由的游戏

传统上，在定义人的基本要素时，人们往往会关注"逻各斯"（logos）。"逻各斯"有两层含义，**一层指"语言"，另一层指"法则"或"理性"。**

因此，当我们说人是"有逻各斯的动物"时，意思是人是"使用语言的动物"，也可以认为人是"理性的动物"或"遵循规律的动物"。

美国哲学家罗伯特·布兰顿[52]正试图利用逻各斯的二重性来推动"实用主义"在当代的复兴。他探讨人与其他动物的区别，并从中确定了"我们"（人类）的特性：**"我们是被理由约束的存在，并服从于'更好的理由'这一独特力量。"**

这里的"理由"是英语中的"reason"，同时也有"理性"的意思。因此，存在"理由"意味着既"合理"又"理性"。

布兰顿的想法是通过语言互动和讨论场景来理解传统的理性概念。20世纪的哲学发展出现了所谓的

52　罗伯特·布兰顿：20—21世纪美国哲学家，理查德·罗蒂的学生。布兰顿以实证主义为基础重构了实用主义。虽然其著作《明示化》尚未被翻译成日语，但作为规范实用主义的代表作已经受到了高度评价。

"语言学的转向",即通过语言来思考问题。布兰顿在接受语言转向思潮的基础上,试图将其与传统的理性主义结合起来,这就是"理由空间"的概念。

"理由空间"这一概念最早由20世纪中期活跃于美国的哲学家威尔弗里德·塞拉斯[53]提出,指**通过语言给出理由或要求**的过程。

为了理解这一概念的辐射范围,来看一下鹦鹉和人类的差异。

假设面前出现红色物品时,鹦鹉说"这是红色的"。这与人类说出"这是红色的"有什么不同呢?

只看所说的话,二者似乎发出了相同的声音。如果看到不同的颜色,鹦鹉也不会说"红色"。那么,区别在哪里呢?

根据布兰顿的观点,当人类说出"红色"这个词时,他们可以通过推理得出其他结论,例如"这不是黄色""它是一种颜色""深红也是红色"等等。而鹦鹉说出"这是红色"时,却无法进行类似的推理。

人类能这样推理,说明他们处于"理由空间"中,而鹦鹉无法在这个空间中生存。

从人类的语言使用这一角度来思考哲学,我们能

---

[53] 威尔弗里德·塞拉斯:20世纪美国哲学家,被认为是战后美国的杰出哲学家之一。他的理论是分析哲学和实用主义之间的重要桥梁,其主要著作有《经验主义与心灵哲学》。

发现什么？布兰顿将其称为"规范实用主义"[54]，这已成为现代哲学的重要趋势。

···— 专栏 —···

思考一下鹦鹉、恒温器和人之间的区别。鹦鹉和恒温器都能适当地应对周围的环境：经过人类训练的鹦鹉可以看到红色的东西说"红色"，看到蓝色的东西说"蓝色"；恒温器也会根据外界温度调整空调温度，温度上升时金属膨胀从而打开开关，降低温度，温度下降时金属收缩并升高温度。然而，它们都无法像人类那样推理。人类不仅具备适应环境的能力，还具备询问原因和回答的能力。这在传统上是人类被认为"理性"的依据之一。

---

54 规范实用主义：现代美国哲学家罗伯特·布兰顿提出的哲学立场。它认为人类的交流是一种"游戏"，在这个游戏中需要给出或者寻求"理由"，强调在思考时遵循规范（"应该这样思考"的理由）。

Basic 19
"人"即将迎来终结？

当我们以"人"作为哲学问题的起点时，有一个命题不容忽视——米歇尔·福柯[55]提出的"人之死"。他在1966年出版的《词与物》一书的结尾写道："无论如何，有一件事是确定的，那就是'人'并不是最古老也不是最恒久的问题，尽管它是我们思考的重要对象……'人'只不过是在我们的思维考古学中相对容易揭示其确切时间的一种发明。也许，人的终结已经不远了……就像海浪在沙滩上消失一样，人也将消逝在宇宙的长河中。"

"人之死"究竟是什么意思？虽然它常被误解为生物层面的人类灭绝，但这里的"人"实际上是指作为概念的"人"，具体来说是指以"人"为中心理解事物的思考方式。

福柯认为这是一种从近代开始引入的思考方式，直接来源可以追溯至康德的表述。正如 Basic 11（"所有问题都是人的问题"）所述，康德提出了以人的立场来考虑一切的观点。

---

55 米歇尔·福柯：20世纪法国哲学家。随着他自己思想的发展，福柯从结构主义转向后结构主义，成为法国现代思想的核心人物。他在1966年出版的《词与物》中宣布了"人之死"，引起了广泛关注。

从历史的角度看，这种近代人类立场的兴起源于尼采的"上帝之死"。

或者，正如尼采所说，**人类"杀死上帝"，以人类为中心的思想才得以确立**。近代之前，"上帝"才是世界的中心，而人类通过"杀死上帝"，确立了以人类为中心的思想。

然而，根据福柯的观点，近代这种以人为中心的时代即将迎来终结。如果以康德为起点，18世纪末至20世纪末的这段时间可以被称为以人为中心的时代。这一系列的过程则可描述为**"神的死亡→人的诞生→人的死亡"**。

那么，我们应该如何具体理解福柯所说的"人之死"呢？现代德国哲学家彼得·斯洛特戴克的思想可能是一个线索。他在1999年出版的《人类动物园的规则》一书中，将福柯提出的"人之死"这一论点视为"后人类主义"的表现，并在此基础上提出了21世纪的发展方向。据斯洛特戴克所述，后人类主义一方面利用生物技术实现"人类的超越"，另一方面则通过数字信息技术超越现代人文主义。

如此一来，"人之死"这一论点也许就更具现实意义了。

Chapter 2
知识：我们能知道什么？

人类心灵的功能常常被划分为三个方面。

在康德[56]的时代（18世纪后期），**心灵的功能被分为知、情、意三个方面**，康德以此为基础写出了著名的三部批判作品：《纯粹理性批判》（知）、《实践理性批判》（意）、《判断力批判》（情）。

更早的柏拉图[57]则**将灵魂分为三部分：理性部分、意气部分、欲望部分**。根据这种划分，国家也被分为统治者阶层、辅助者阶层和普通公民。

虽然康德和柏拉图的区分法并不完全一致，但两种区分法都高度评价了"理性"。这是因为对人类而言，最基本的、最重要的就是"理性"（知）。

因此，亚里士多德[58]在《形而上学》的开头以"知"为出发点写道："求知乃人类的天性。"

然而需要注意的是，亚里士多德所说的"知"，不仅仅指理性，还包括感官方面的内容。因此，要理解人类的"求知欲"，还要将目光投向感官方面。

从历史角度来看，根据对感性和理性的强调程度

56　伊曼努尔·康德：参照 Basic 1。
57　柏拉图：参照 Basic 2。
58　亚里士多德：参照 Basic 2。

不同，形成了**经验主义**[59]和**理性主义**对立的局面。经验主义从感官出发，探讨从中可以理解哪些理性层面的问题。理性主义则排斥感官，认为由理性所认识到的才是真理。

这种对立并没有停留在过去，现在也会反复出现。因此，**我们不仅要了解其中一方，还要了解对立双方的想法和论据，以避免不必要的误解和混乱。**

在本章中，我们将探讨一些当前仍经常出现的话题。在思考具体问题时，可以作为参考。

59　经验主义：参照 Basic 7。

Basic 20
不要看表象，要抓住本质

面对新事物时，我们往往会被其现象吸引，而忽视了其中的本质。例如，当社会发生巨大变革时，我们可能会对每一个具体事件敏感地作出反应，忙于应对各种各样的事态，却往往无法真正抓住其中的本质，即事件的根本原因（依据）。

为了解释这种情况，柏拉图[60]在其著作《理想国》中提出了一种关于知识的模型，即著名的"洞穴隐喻"：人类被捆绑住手脚囚禁于洞穴中，无法转身，只能看到墙上映射的"影子"。于是，人类错误地认为这些"影子"就是真实的事物，进而无法认识真理。

柏拉图认为，哲学的功能就是要将被困在洞穴中的人类解放出来，引导其走向真理。那么，所谓与现象（影子）区别开来的本质（实物）究竟是什么呢？柏拉图将事物的本质称为"理念"，这个词后来演变成了现代的"概念"。柏拉图认为，理念先天存在于人的灵魂之中。

例如，在思考"狗是什么"（狗的本质）时，我们可能会认为通过收集波奇、太郎（日本常用的狗

---

60 柏拉图：参照 Basic 2。

名)等具体的狗的信息,并从中提取共同特征,就可以得出"狗的本质"。但是,对不知道"狗的本质"的人来说,他们如何收集具体的狗的信息呢?即使收集了,他们又如何知道对"狗"来说,什么是共同的特征呢?也就是说,要想使用这种方法,人类就必须事先知道"狗的本质"(理念),这就是柏拉图主张的观点。

然而,对于事物的本质(理念)可以通过先天获得这一观点,一直以来存在着强烈的批判。其中最突出的是柏拉图的学生亚里士多德[61]。他在《论灵魂》一书中写道:"潜在的理智在现实中就像一块什么也没有写的写字板一样。"

"一块什么也没有写的写字板"这一表述后来在拉丁语中被称为"tabula rasa"(白板)。**这种观点认为人类的心灵最初处于一种尚未被书写的"白板"状态,通过经验和体验,知识才会逐渐填满白纸。**因此,这种观点否定了人在出生之前就已具有"理念"的主张。

历史上,类似柏拉图和亚里士多德这样的对立反复出现。因此,我们不必急于寻求其中一方的答案,重要的是先理解这种对立产生的原因和基础。

61　亚里士多德:参照 Basic 2。

Basic (21)
摒弃偏见，一切从经验出发

面对理论和学问，我们可能会有疑问：人类的知识究竟有什么用途？如果哲学不仅是纯粹的消遣，那么它的价值何在？

对此，英国哲学家弗朗西斯·培根[62]留下了一句名言："知识就是力量。"培根与莎士比亚生活于同一时代，二人都是充满谜团的人物，因此也有人认为这两人其实是同一个人，但此说法的真实性尚不明确。此外，现代还有同名的画家，因此在提及培根时我们需要稍加注意。

培根在其著作《新工具》(Novum Organum)中提到了"知识就是力量"这句名言。该著作主要探讨了用于思考的工具，"Organum"一词就是工具的意思。之所以使用该词，是因为亚里士多德的逻辑学系列著作在历史上被称为"Organum"。培根试图对亚里士多德的思想进行改革。通过"知识就是力量"这句名言，培根想传达什么呢？

"人类的知识和力量是一致的。这是因为，如果不了解原因，就无法产生结果。要想利用自然，就必

62　弗朗西斯·培根：16—17世纪英国哲学家，被视为英国经验主义的奠基人。

须顺应自然。思考中的原因对应着操作中的规则。"

例如，如果不了解自然现象的原因，就只能被自然的威力束缚，无法真正利用它。同样，在人际关系中，如果不了解他人的想法和行为的原因，就无法很好地与对方交流。那么，我们如何才能获得这样的知识呢？培根提出了两种方法。其中之一是消除"idola"（拉丁语）。"idola"可被译为"偶像""幻影"等，同时也是现代词语"idol"的词源。培根认为，**"idola"是指人类持有的先入为主的错误观念（以下译为假象），可以分为四种类型。**

① 种族假象（基于自然性质的假象）；

② 洞穴假象（个人的假象）；

③ 市场假象（基于传闻的假象）；

④ 剧场假象（基于权威的假象）。

只看名字就能想象出对应的形象吧。

另一种方法则是基于实验和观察，通过归纳法来获取知识。中世纪的人们常常使用演绎法，即从一般前提出发，推导出具体结论；但培根批评了这种方法，**并提倡基于经验，从具体案例出发，逐步推导出一般规则的归纳法。**

因此，培根被认为是英国经验论的奠基人。他追求的目标是摒弃先入观念，基于归纳法，从经验中获得法则性的知识。

---— 专栏 —---

　　经验主义与理性主义的对立在近代常常以地域性的对立形式出现,例如英国经验主义和大陆理性主义[63]之间的对立。其中主要由英国的约翰·洛克[64]和德国的戈特弗里德·莱布尼茨展开了直接的争论。洛克在其著作《人类理智论》中坚持主张人类的知识源自感觉和经验,被视为英国经验主义的代表人物。而与之直接对立的是莱布尼茨的著作《人类理智新论》。仅从书名就可以看出莱布尼茨写作该书的意图。书中,莱布尼茨通过以下名言对经验主义进行了批判:"不存在于感觉中的东西,也不存在于理智中。当然,除了理智本身。"

63　大陆理性主义:在现代哲学的分类中,大陆理性主义被视为英国经验主义的对立思潮。笛卡尔、斯宾诺莎、莱布尼茨等被认为是这一思潮的代表人物。大陆理性主义以数学真理为模型,强调尊重理性认知。

64　约翰·洛克:参照 Basic 7。

Basic 22
我思故我在

我们看到、听到、触摸到的世界,是否真的以我们认为的方式存在?或许只是我们如此认为,事实上却完全不同?你看世界的方式和我看世界的方式又是否一样?

例如,当一个人看着眼前的花并发出感叹:"好漂亮的红花啊!"而旁边的人却说:"嗯?我不这么认为。"那么,这二人看到的红花是相同的吗?还是说二人看到了一样的红花,仅仅是感觉上的差异?又或许二人看到的内容本身就不一样?我们又如何确认相同还是不同呢?

此时,法国哲学家笛卡尔[65]在其著作《第一哲学沉思集》中提出的名言"我思故我在"有很重要的价值。笛卡尔通过怀疑自己的已有知识,审慎地考虑这些知识是否真实,以追求绝对真理。这就是所谓的"方法论的怀疑"。

为此,笛卡尔首先审视了感性知识,并确认其中常常存在错误。接着他将自己的数学知识一一筛选,深思熟虑,认识到其中也可能存在错误。在讨论的过程中,笛卡尔还提出一个概念——"梦境怀疑",即

65　勒内·笛卡尔:参照 Basic 12。

怀疑梦境和现实是否可以区分。

此外,为了将怀疑彻底化,笛卡尔提出了"骗人的上帝"的观点:"上帝并不存在于任何地点,没有延展、形状、大小或位置,但或许是它让我以为世界都按照我当前看到的方式存在。"

例如,当我们看到眼前的图形并称其为"四边形",或者回答"2+3=5"时,也许这一切都是上帝的安排,故意让我们陷入错误的认知。到了这个地步,我不禁想说**根本不存在什么正确的知识**。

在经过对所有知识的质疑后,笛卡尔最终得出结论:我怀疑,所以我存在。他将这句话表达为"我思故我在"。下面我会引用这句话的出处——《方法谈》——中的一段十分著名的表述。

"我意识到,即使在我怀疑一切的时候,作为怀疑者的我必然存在。'我思故我在'这一真理坚不可摧,无论怀疑论者[66]如何荒谬地假设,都无法动摇这一真理。因此,我可以毫无顾虑地将其作为我追求的哲学第一原理。"

从最初的"怀疑一切",到主张怀疑自己的怀疑本身可以证明自己的存在,笛卡尔试图以此为基础来推导其他真理。这种论证方式十分复杂,直至今天,人们仍就此展开着讨论。

66　怀疑论者:他们否定自古希腊以来确凿无疑的真理和认知,根据否定方式的不同有不同的流派。

—— 专栏 ——

笛卡尔的论述引发了被称为错觉论证的讨论。例如，当我们从正上方观察一个100日元硬币时，它呈现出"圆形"的形态；但当我们从侧面观察时，它却呈现出"椭圆形"的形态。这种现象引发了关于如何正确看待这种情况的深入探讨。

"100日元硬币是圆形的，但从侧面观察时会产生是椭圆形的错觉。"这是不是一种准确的表达？又或许"圆形"只是物体的一种呈现方式？也就是说，从正上方看是圆形，从侧面看是椭圆形，这只是观察方式不同引起的差异，并不代表哪一种观察方式才是可靠的。

这两种观点，你认为哪种更有说服力呢？

Basic ㉓
什么是"哥白尼式的转向"?

当我们在传统的思维方式下找不到解决方法,即使经过多次试错也无法找到突破口时,也许应该尝试从根本上转变思维方式。这种将以往的思维方式彻底颠覆的做法,通常被称为"哥白尼式的转向"。

这一表达源于康德[67]在《纯粹理性批判》中进行的哲学革命。他认为,"迄今为止,我们所有的认知都被假定为必须服从对象",但在这种前提下,认知过程并不总是顺利。因此,康德提出以下主张:"也许我们可以尝试在形而上学的诸多课题中,假设对象必须服从我们的认知,是否能使情况更加顺利呢……这种情况类似于哥白尼的最初思想……"

这种说法较为复杂,但通过图解便能一目了然。以前我们认为"认知必须服从对象",但康德提出了"对象必须服从认知"的相反观点。

以牛顿和万有引力的故事为例:以前的观点认为,通过观察对象(苹果从树上落下),形成认知(思考万有引力定律),如图9①所示;而康德通过哥白尼式的转向提出的观点认为,先有认知(万有引力定律),才能理解对象(苹果从树上落下)的意义,

---

67 伊曼努尔·康德:参照 Basic 1。

如图9②所示。

图9 认知服从对象，还是对象服从认知？

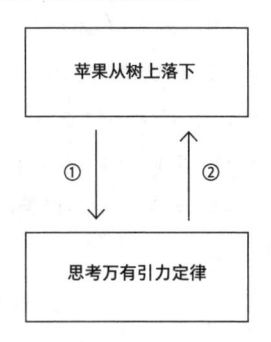

```
┌─────────────────┐
│  苹果从树上落下  │
└─────────────────┘
     │①      ↑②
     ↓        │
┌─────────────────┐
│  思考万有引力定律  │
└─────────────────┘
```

这种对比意味着什么呢？康德以数学和自然科学的思维方式为模型，下面就用它来说明。

以前的观点（①）是通过仔细观察对象，从中探究对象的本质。然而，仅通过观察对象，不一定能得出正确的答案。因此，康德提出了观点②，**即在观察对象时，事先用思考（假设）来验证其是否正确**。这是因为持有不同的假设会改变对对象的理解方式。

康德通过学生和法官的比喻，解释了这种思考方式的转向：我们是作为学生向老师这一对象学习，还是作为法官向被告这一对象提出自己的假设，并通过质询引出真相？实际上，如果没有合适的思考和假设，从对象中揭示真相就会变得十分困难。

····— 专栏 —····

　　康德认为，思考和假设行为背后是人类共通的概念和范畴，将其视为墨镜可能更好理解。就像戴上绿色墨镜后看到的对象都会呈现绿色一样，人类在理解对象时也会有自己固有的认知装置，正是这种装置帮我们识别对象。

　　这种观点在现代也被称为"建构主义"[68]，即对对象的认知由人类建构而成。建构主义的思想不仅流行于哲学领域，在其他领域也有广泛应用，因此我们可能在不自觉中已经接受了建构主义。

68　建构主义：现在人们更常用"社会建构主义"一词。它源于康德的认识论，之后又融合了各种不同的理论观点，主张现实和事实是通过人类社会关系的建构而形成的。

Basic (24)
众所周知的事物未必被充分认知

在生活和工作中,遵循社会规范和常识被视为最基本的要求。一般而言,需要先掌握通用知识,然后再应用。

然而,这些知识和常识有时也可能对我们产生阻碍。或者即使不到那种程度,这些知识的基础和根据也并不总是被完全理解。

不妨想想黑格尔[69]在《精神现象学》中的警句:"被认为众所周知的事实……并不意味着它们被充分认知。在认知的过程中,人们往往会假设某些事物是众所周知的,并将其认定为事实。这种现象普遍存在,但实际上这不仅是欺骗自己,同时也是欺骗他人。"

在如今的信息化社会中,"众所周知的事物"不断增加。如果我们不了解这些事物,会感觉仿佛被社会遗弃在了身后。

因此,我们不断搜索社会上被认为是"众所周知

69　乔治·威廉·弗里德里希·黑格尔:18—19世纪德国哲学家,被誉为德国哲学的集大成者。黑格尔关注贯穿历史并持续发展和演变的"精神",强调了历史哲学在哲学中的重要性。对黑格尔哲学的批判被认为是现代哲学的起点。

的事物",并努力将其融入生活中。

然而,这些知识是否正确,却又是一个完全不同的问题。你是否曾因受限于旧有常识而走错方向?也许那些"众所周知的事物"反而限制了我们。

因此,**对"众所周知的事物"不应过度依赖**。哲学常常对常识保持怀疑态度,原因就在于此。

虽说如此,完全忽视或完全排斥那些"众所周知的事物",从根本上来说,既不现实也没有成效。从时间顺序来看,掌握那些"众所周知的事物"往往是我们迈出的第一步。

但我们不能止步于此,而应该对这些知识持怀疑态度,并从中探讨什么才是真正正确的。这就是黑格尔所说的"认识"。哲学之所以重要,正是因为它可以引导我们从"众所周知的事物"转向更深入的"被认知的事物"。

…— 专栏 —…

　　黑格尔认为,人类无法超越其所在社会与时代的影响。因此,哲学的课题在于通过概念来理解时代本质的存在方式。在这一背景下,黑格尔在《法哲学原理》的序言中写下了一句著名的话:"这里就是罗德岛[70],要跳就在这里跳!"这句话源自《伊索寓言》中的一则寓言故事,但在日本有时会被误解并被错误引用。经典名言总是让人忍不住想在各种场合使用,但在引用时最好结合上下文确认其正确含义。

70　罗德岛:位于爱琴海的一座岛屿,在《伊索寓言》中有相关的故事。黑格尔在《法哲学原理》的序言中引用了这个故事,马克思也在其著作中以讽刺的方式提及,从而使这个故事广为流传。

Basic 25
弄清楚概念和理论对事物产生的影响

在日本,实用主义[71]一词曾被译为"务实主义"或"工具主义",评价并不高,有时也被视为一种根据当时情境而随意改变观念的功利主义思想。然而,近年来人们开始逐渐理解实用主义的含义,过去的翻译也不再被使用。

实用主义起源于19世纪后期的美国,后来以美国为中心迅速传播至全球。从这一角度来说,实用主义也可以被认为是美国本土的思想。如今,实用主义已在世界范围内受到高度评价,被誉为引领当代的思想之一。

实用主义究竟主张什么呢?来看看实用主义创始人查尔斯·皮尔士[72]提出的"实用主义准则":"如果要明确把握一个对象的概念,就必须仔细考虑这个对象可能会对其他事物产生什么样的影响,特别是实际意义上的影响。如此一来,关于影响的概念就和关于对象的概念一致了。"

---

71 实用主义:pragmatism,起源于19世纪末的美国,对现代美国哲学产生了重要影响。实用主义主张思想、思考与行为相结合,强调在实践中进行哲学思辨的重要性。
72 查尔斯·皮尔士:19—20世纪美国哲学家,在逻辑学和数学领域取得了卓越的成就,对符号学也作出了重要贡献。

例如，当描述某物体"硬"的时候，意思是它不容易被其他物体划伤。当描述某物体"重"的时候，意味着如果没有上拉的力量，它会下落。概念是这样从"对其他事物产生何种影响"的角度来理解的。

这一观点为我们理解哲学和思想提供了非常有价值的视角。例如，在哲学中经常使用抽象的概念，其意义可能不够清晰。此时，通过实用主义准则，我们可以追溯这一概念在现实中产生的具体影响，并对其进行解释。

该准则不仅适用于概念，同样也适用于理论。当我们听到某人的想法或抽象的理论时，有时会困惑于该如何评价。此时，必须要明确地询问：**"它究竟会产生怎样的影响？"**

简言之，就是要问："会有什么结果？""这样考虑有什么不同？"如果一个新的想法或理论没有产生任何实际影响，那么我们就可以认为其几乎没有价值。

19世纪末兴起的实用主义在21世纪的现代社会中，正以新的观点再度焕发光彩。尽管在日本还并不流行，但在未来它有望成为备受瞩目的重要哲学流派。

— 专栏 —

20世纪后半叶,理查德·罗蒂[73](1931—2007)在美国大力强调实用主义的重要性,引发了这一流派在全球范围内的热潮。他在1982年出版的《实用主义的后果》一书中宣称,那种高高在上、主宰一切学问的"大写的哲学"(Philosophy)已经结束。

同时,他还呼吁结束英国经验主义和大陆理性主义等长期以来在哲学领域内毫无意义的对立。罗蒂将实用主义视为一种世界性的流行思想,而非美国本土的思想。在现代社会中,如果轻率地将实用主义视为简单的务实主义,会显得很无知。

---

73 理查德·罗蒂:参照 Basic 8。

Basic 26
关注隐性知识

如果人群中有我们认识的人,我们会立刻注意到他们的脸。但如果被问到是怎么认出来的,我们可能也无法很好地解释,只能说:"因为那张脸只属于她(他)。"

我们虽然认识那个人的脸,但用言语解释时,却无法很好地表达。匈牙利哲学家迈克尔·波兰尼[74]将这种知识称为"隐性知识"。

"在重新思考人类的知识时,我的出发点是这样一个显而易见的事实:我们可以认知到语言表达能力范围之外的事物。然而,要准确地阐述这一事实并不简单。"

让我们一起回忆童年时骑自行车的经历。我们可能多次摔倒,也曾向他人寻求帮助,不知不觉间就掌握了骑自行车的技巧。然而,当我们试图用言语来解释那是什么感觉时,却无法恰当地表达出来。

---

74 迈克尔·波兰尼:19—20世纪哲学家、社会科学家,出生于匈牙利,以1966年出版的著作《隐性知识的维度》而闻名。他最初是科学家,与爱因斯坦和诺伊曼等人有过交集。由于是犹太人,他于1933年流亡到英国。二战后,他转向社会科学领域,并提出了"隐性知识"的概念。

英国哲学家吉尔伯特·赖尔[75]在著作《心的概念》中，将知识分为两种不同的类型，分别是"方法的知识"（knowing how）和"事实的知识"（knowing that）。

例如，明白如何进行加法运算是指当面对一个具体的问题（如2+7=？）时，能得出正确答案，而并不是能用言语清楚地解释算术原理，这就是"方法的知识"。

赖尔将这种能力称为"disposition"，意为"倾向性""态度"。它具有"If...then"的结构，即"如果（If）面对具体问题，那么（then）能得出正确答案"。

我们拥有许多这种实践性的知识，却不能通过语言（事实性知识）充分地加以解释。

这种类型的知识在学习技能时显得尤为重要。俗话说"实践出真知"，我们只有通过亲身操作和体验才能真正掌握这类知识。

此外，我们还需考虑如何理解显性知识（可以用语言明确表达的知识）与"隐性知识"之间的关系。两者之间是如何联系的？如何才能传达隐性知识？

即使在职场中，隐性知识也十分重要。有些重要

---

[75] 吉尔伯特·赖尔：20世纪英国哲学家。他是日常语言哲学牛津学派的代表人物，对身心二元论提出过批评，并倡导行为主义。他提出的著名比喻"机器中的幽灵"广为人知。

的事情无法通过言语传达，只能从实际经验和实践体验中获得。遗憾的是，目前对隐性知识的探究并不充分。

…— 专栏 —…

在某些情况下，获得隐性知识并不需要像训练一样反复进行多次。例如，当我们看到某人的兄弟或父母时，会感觉他们与那个人有微妙的相似之处。虽然我们不能精确地指出哪里相似，但整体上给人的印象是相似的。维特根斯坦曾讨论过这种"家族相似性"的概念。从中我们可以看出，隐性知识在我们的知识体系中起着类似地基的作用，明确的事实知识正是基于这种直观的知识建立的。因此，对隐性知识的深入研究十分必要。

Basic 27
范式不同就像生活在不同的星球

美国科学史学家托马斯·库恩[76]在其《科学革命的结构》中提出的"范式"[77]一词，堪称20世纪具有深远影响的概念。"范式"不仅在专业科学史领域很流行，在哲学等人文学科领域也广泛流传，甚至在文化和风俗领域也掀起了一股热潮。例如，我们会说"今年的领带与去年的不同，是用新的范式制作的"。

值得注意的是，虽然"范式"风靡一时，但提出这一概念的库恩自己却在《科学革命的结构》第二版中不再使用该词。或许是由于这一概念因不够明确而遭到不少批评。所以在尚未明确界定之前，库恩本人决定不再使用这一术语。然而，考虑到它对科学史、哲学乃至人文学科的广泛影响，我们在此将目光投向这一概念的一般使用方式，而非其严格的定义。

库恩专注于解释自然科学的历史，着眼于指导科

76　托马斯·库恩：20世纪美国科学史学家、科学哲学家。其在1962年出版的《科学革命的结构》一书引起了世界范围内的广泛关注，他提出的"范式"一词也成为流行语。通过将科学的发展划分为范式转换的科学革命和基于范式的常规科学，库恩呈现了一种全新的科学史观。

77　范式：库恩对范式进行了多重解释，所以这一概念在某种程度上较为模糊，并因此受到批判。一般而言，范式指概念图式或参照标准，是一种构建思维方式的基本概念。

学研究的"范式"。此时,"范式"指的是典型的例子或样本。随后,**这一概念被广泛解释为"思维的基本框架""概念框架"或"知识的参照标准"**。当我们认识事物时,会按照自己的"范式"去理解。

库恩通过使用"范式"这一概念,将自然科学的历史划分为两个阶段。第一阶段是"范式"发生根本性转变的阶段,被称为"科学革命"时期。第二阶段是在"范式"指导下科学不断发展的阶段,被称为"常规科学"时期。库恩的观点可图解如下。

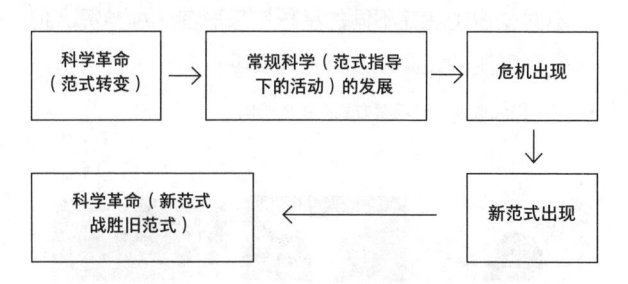

```
科学革命           常规科学(范式指导
(范式转变)   →    下的活动)的发展      →    危机出现
                                                 ↓
科学革命(新范式
战胜旧范式)      ←                         新范式出现
```

在库恩提出"范式"概念的同时,科学史学家N.R.汉森提出了"理论负荷"的概念,强调在科学观察和实验中,"理论"往往会先行引导。让我们通过汉森在《发现的模式》一书中使用的图来理解他的观点。

如图10所示,在①中,你可能会看到一位年轻的女性,也可能会看到一位老年女性,存在两种不同的解读方式。②也是如此,你可能看到两个人的侧脸，或是看到一个花瓶。解读方式不同源于库恩提出的"范式"不同。此外，汉森还在③中提出了一个问题：这幅图看起来像什么？如果你在心中"负荷"了"人脸"这一理论，就会看到人的脸。不同的人可能会看到不同的事物。

从中可以得出的最终结论是什么呢？根据库恩的理论，"范式"是一种在特定群体中共享的观念，当范式相同时，彼此之间便可以相互理解。然而，如果范式不同，相互理解就会变得异常困难。库恩用"范式不同就像生活在不同的星球"来形容这种情况。但人类是否真的如此难以相互理解呢？

图10 概念或词汇对观察方式产生的影响

出处：① yukeee / PIXTA；② pekamaro / PIXTA；③ N.R. 汉森《发现的模式》讲谈社学术文库。

科学哲学家卡尔·波普尔[78]批判了这种观点,他认为这会导致科学理解以及不同文化之间的相互理解变得困难,并称之为"框架神话"。在当今全球化快速发展的背景下,我们有必要重新审视这一问题。

---

78 卡尔·波普尔:20世纪出生于奥地利的英国哲学家,以其科学哲学中的"可证伪性"理论和社会哲学著作《开放社会及其敌人》而闻名,对多个领域产生了深远的影响。

Basic 28
明希豪森三重困境是否可以避免？

孩童时期，我们可能曾反复向大人询问"为什么"。例如，在被责备不应该欺负他人时，我们会问："为什么？"这时，可能会被告诫说："如果你被欺负了，会感到不愉快。所以，不应该对别人做你自己不喜欢的事情！（黄金法则[79]）"

对此，可能会有人反驳："我会反击！"此时如果再次问"为什么"会怎样呢？也许在经过一系列的解释之后，我们最终会被说服并得出"不好的事情就是不好"的结论。

然而，深入思考就会发现，这种态度并不值得称道。事实上，这种经验并不限于儿童，并且有着更为深刻的根本原因。

德国哲学家汉斯·阿尔伯特[80]在其著作《批判理性论》中提出了"明希豪森（吹牛男爵）的三重困境"。阿尔伯特认为，一切知识都必须通过合理的基础来将其正当化，否则将陷入一种困境，即必须在三

---

[79] 黄金法则：一种行为指导原则，在许多宗教、道德和哲学中都有体现。内容为："你希望他人如何对待你，就如何对待他人。"

[80] 汉斯·阿尔伯特：20—21世纪德国哲学家，目前仍在世。阿尔伯特主张批判理性主义，批判基础主义，提出了著名的"明希豪森三重困境"。

个似乎都难以接受的选项之间作出抉择，避免陷入明希豪森三重困境。

图11　明希豪森三重困境

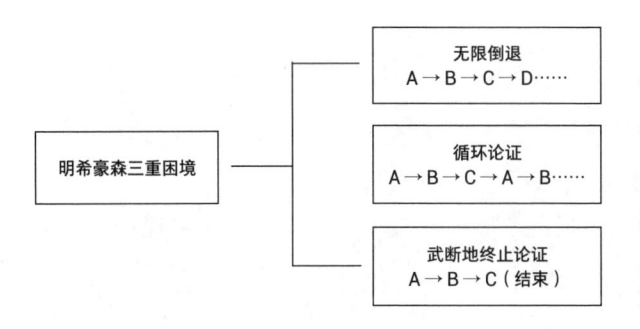

```
                          ┌─────────────────────┐
                          │     无限倒退         │
                          │  A→B→C→D……          │
                          └─────────────────────┘
┌─────────────┐           ┌─────────────────────┐
│明希豪森三重困境│───────────│     循环论证         │
└─────────────┘           │  A→B→C→A→B……       │
                          └─────────────────────┘
                          ┌─────────────────────┐
                          │   武断地终止论证      │
                          │  A→B→C（结束）       │
                          └─────────────────────┘
```

具体来说：1.无限倒退；2.循环论证；3.武断地终止论证。接下来请让我逐一说明："无限倒退"是指在回答"为什么"这一问题时，无论如何解释，回答多少次，都会被再次问"为什么"，从而导致无限循环。"循环论证"是指在论证过程中，之前的理由再次出现，从而导致无限循环。"武断地终止论证"是指在解释过程中突然结束，不再提供更多的理由。

通过反思我们会发现，无论是他人还是自己，都常常会陷入这种争论。由此可见，**在展开讨论时，我们随时都可以对知识的依据进行质疑**。换句话说，不存在"这就是争论的结论"这种说法。这一点需要我们时刻保持警觉。

然而，即使无法展示最终的依据，也不能陷入循环论证中或武断地终止论证并放弃解释。持续不断地追问自己和对方主张的依据，这种态度才是至关重要的。

Chapter 3
道德：我们应该做什么？

在日常生活和职场中，我们经常面临着各种各样的问题。例如，为了朋友是否可以说谎？如果发现公司存在非法行为，是否应该公开揭露？等等。这些问题属于道德哲学或伦理学的范畴。

道德与伦理学一直是哲学研究的重要领域。苏格拉底开始哲学之旅正是因为他追求的不仅是生存，还是更好地生活。那么，我们如何能更好地生活呢？这就需要先探讨何为"更好地生活"。

目前，主要的道德理论通常可以分为三种不同的流派。在深入研究各个学说之前，我们先简要地勾勒出这些流派的轮廓。

首先，来看一下功利主义和义务论。**功利主义关注行为的结果，通过结果来判断善恶。义务论则不关注行为的结果，而是判断行为本身的善恶。**因此，功利主义和义务论在面对具体行为时经常提出相互对立的观点。为了更好地理解这两者之间的区别，让我们来看一下被称为"电车难题"的思想实验。

有五名工人正在工作，后方一列刹车失灵的有轨电车正朝他们驶来。如果电车继续前行，这五名工人将全被碾轧。切换铁轨开关可以改变行进方向，但切换后的轨道上仍有一名工人正在工作。（开关问题）

有五名工人正在工作，后方一列刹车失灵的有轨电车正朝他们驶来。在横跨铁轨的天桥上有一名胖男子，如果将他推下去，电车大概率会停下来。（天桥问题）

在这两种处境中，我们应该怎么办呢？

调查显示，在开关问题中，大多数人倾向于功利主义，即选择改变路径，牺牲一个人。而在天桥问题中，人们往往更倾向于义务论，认为"不应该杀害一个人"，而是放任五个人死亡。其实这两种处境属于同一个问题，即"选择五个人的命还是一个人的命"，但由于道德观念不同，行为也会有所不同。

与传统的两种道德学不同，近年来人们开始关注第三种伦理学，即德性伦理学。这一学说可以追溯至古希腊时代的柏拉图和亚里士多德等人。德性伦理学不探讨具体行为的选择，而更注重个体如何成为一个"有德性的人"。

接下来，本章将对具体的理论进行讨论，请事先留意这三种道德观的定位。

Basic 29
伦理和道德有何不同？

在小学，我们学习"道德"，而到了高中，我们则学习"伦理"这一科目。这两者（道德和伦理）是否一样呢？

既然是两个词，两者一定有不同之处。然而，尽管我们平时常常随口使用这两个词，但是被要求解释它们的区别时，却很有可能答不上来。因此，我们需要重新确认它们的含义。

在日语词典中，这两个词在不同语境下的解释和含义有着微小的差别。"道德"是"moral"的译词，来源于拉丁语"mores"，而"伦理"是"ethics"的译词，来源于希腊语"ethos"。来自拉丁语和希腊语的这两个词源都有习惯、规范、习俗等意思。因此，如果不考虑语感，"道德"和"伦理"在意义上并没有太大的区别，只是词源不同而已。

所以在一般情况下，很少会明确区分"道德"和"伦理"的使用。这两个词可以互相替代，没有明显的对错之分。不过在日本，"道德"通常与具体的场景相关联，而"伦理"则被视为抽象的理论，但这种区别并不能从词语本身体现出来。

然而，历史上也有一些哲学家对这两个概念进行了严格区分。例如，日本的哲学家和辻哲郎在其著作

《作为人学的伦理学》中提到,"单纯用个人主观的道德意识来表达伦理是不太恰当的",并解释道:"伦理是人际关系的道路和秩序,正因为有了伦理,人际关系才得以形成"。

和辻哲郎认为"伦理"建立于人们的社会关系之上,区别于个人主观的"道德"。 这种观点借鉴了德国哲学家黑格尔所作的区分("个体内心的道德"和"社会规范的人伦")。

然而,这并不意味着这就是正确答案。现代法国哲学家,如米歇尔·福柯和吉尔·德勒兹等就持有与和辻哲郎和黑格尔完全相反的观点。他们认为:**"道德"是社会规范,是要求人们遵守的行为准则;而"伦理"则强调个体选择自己的生活方式,不必遵循社会道德规范。** 也就是说,"道德"是社会性的,而"伦理"是个体性的。

从个人的语感来看,你认为哪种观点更贴近你平时的使用习惯呢?从词源上来看,两者并没有明确的区别,其差异仅仅体现在它们被赋予的含义上。值得注意的是,无论如何区分这两个词,都不意味着其中一种方式是唯一正确的答案。

图12 道德与伦理

	道德	伦理
词源	源于拉丁语	源于希腊语
含义	习惯、规范	习惯、规范
和辻哲郎、黑格尔	个人的、主观的	社会的、客观的
福柯、德勒兹	社会规范	个体的生活方式

Basic 30
你不愿他人如何对待你，就不要那般对待他人

自古以来，一直被广泛使用的"道德"原则之一是所谓的"黄金法则"（Golden Rule）。例如："你不愿他人如何对待你，就不要那样对待他人！""你希望他人如何对待你，就如何对待他人！"

这种观念在世界范围内被广泛接受，古时就以不同的表达方式被提及。例如，基督教中有着"你希望他人如何对待你，你也应如何对待他人"的说法，伊斯兰教中有着"不想自己受到伤害，就不要对别人造成伤害"的教诲。

在教育孩子时，家庭或学校也常常会将"黄金法则"作为最终的依据。例如，当孩子撒谎时，会受到家长或老师的责备。此时孩子可能会反问："为什么不能撒谎？"面对这一质疑，该如何回答呢？家长或老师可能就会搬出黄金法则。

"如果有人对你说谎，你会怎么想？会不喜欢吧。所以，你也不要对别人说谎，对吧？"

然而，孩子会不会真的接受这个理由呢？

"黄金法则"在很多情境中都被广泛运用，但实际上其中存在着一个关键问题。它假设**"我希望别人对我做的事情"**和**"别人希望我对他们做的事情"**是一

致的。或者反过来说，假设二者不一致，黄金法则便不会成立。

这一点被戏剧家萧伯纳[81]以讽刺的口吻指出，他说过："你希望他人如何对待你，就不要如何对待他人。因为人的喜好并不相同。"

在现代社会中，人们的兴趣和喜好千差万别。有些人喜欢运动，有些人却讨厌运动。要找到适用于所有人的共同爱好十分困难。也就是说，如果试图通过黄金法则来强加道德观念，可能并不会取得好的效果。

对于听话的孩子，使用黄金法则可能会起到一定的作用，但对叛逆的孩子来说，可能很难产生效果。因为当其根据的合理性受到质疑时，人们并不能提供明确的答案。我们在使用黄金法则时应意识到这一点，否则可能会适得其反。

81　萧伯纳：19—20世纪英国剧作家、评论家，于1925年获得诺贝尔文学奖。其作品充满了强烈的讽刺元素。其于1912年完成的《皮格马利翁》后被改编成电影《窈窕淑女》。

Basic 31
只要不伤害他人，就可以做任何事？

关于思考人类的自由，约翰·斯图亚特·穆勒[82]的自由理论对现代产生了重要影响。在日本，如果问"自由是什么"，很可能就会得到这个答案。穆勒为了解释"自由"，提出了"伤害原则"的概念。

这一原则认为："当人类干涉个体行为的自由时，无论是以个人名义还是以集体名义，唯一合理的目的是自我保护。对文明社会的所有成员而言，通过行使权力来干涉他人意志也只有一个合理目的，就是防止对其他成员造成伤害。"

这一思想的核心观点是，**只要行为不对他人造成伤害，就不应被干涉**。只有在对他人造成伤害时（如杀人），才应禁止其行为。**而当个人对自己造成伤害时，即使对其本人无益，也不应被干涉**。也就是禁止"家长主义"式的干涉。

"家长主义"式的干涉是指父母出于子女利益而对其进行的各种干涉行为。日本存在相当多的"家长主义"式的干涉。但穆勒认为，应该让个人肩负起决

---

[82] 约翰·斯图亚特·穆勒：19世纪英国哲学家。穆勒继承了边沁的功利主义，并引入了新的视角。其于1859年出版的《论自由》至今仍是一部重要的文献。

策的责任。因此，穆勒的立场通常被称为"自我决定论"，从结果上看也可以称为"自我责任论"。

穆勒的观点有一个基本前提，即成年人有判断自己行为的能力。因此，对不具备这一能力的儿童来说，"家长主义"式的干涉是被允许的（"家长主义"一词的词源就是"父亲"）。"家长主义"式的干涉保护没有判断能力的儿童，而（理应）具备判断能力的成年人则享有自由。即使这种自由可能使个人受到伤害，也应视为"自我责任"。

在日本，这种自由论有时被表述为"只要不给他人带来困扰，就可以做任何事"。此时，问题就变成了如何界定"困扰"或"伤害"。

例如，如果有人因不洗澡而散发出异味，在乘坐有轨电车时可能会对周围的人造成困扰。但我们不能因此断定"不洗澡的人会对他人造成伤害，因此应禁止其乘坐有轨电车"。如何定义"对他人造成伤害"，也许将成为穆勒自由主义的关键。

···—— 专栏 ——···

穆勒拓展了边沁的功利主义。边沁的功利主义将人类行为的价值归结为快乐和痛苦的数量,但是只只需简单地通过数量来计算就够了呢?例如,食物带来的快乐与阅读书籍带来的快乐是否可以同等对待?

图13 功利主义的两种观点

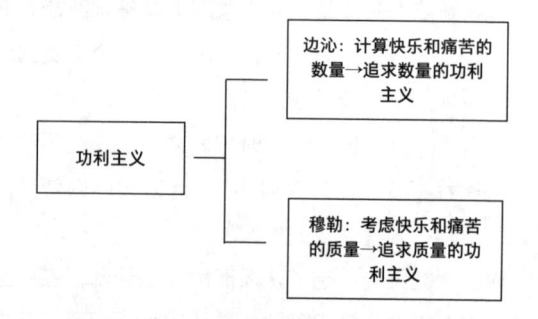

```
                    ┌─────────────────────────┐
                    │ 边沁:计算快乐和痛苦的    │
                    │ 数量→追求数量的功利      │
                    │ 主义                    │
                    └─────────────────────────┘
功利主义 ────┤
                    ┌─────────────────────────┐
                    │ 穆勒:考虑快乐和痛苦     │
                    │ 的质量→追求质量的功      │
                    │ 利主义                  │
                    └─────────────────────────┘
```

穆勒认为功利主义在计算快乐和痛苦时,应关注其质的差异。他曾说:"做一个不满足的人,好过做一头满足的猪。做不满足的苏格拉底,好过做满足的愚者。"据说这段话在某大学的入学典礼上被改编成了"变成瘦弱的苏格拉底,而不是一头肥胖的猪"。

Basic 32

强者的道德与弱者的道德：统治的工具还是弱者的嫉妒？

"道德"这个词听上去总让人感到有些可疑。其中一个原因是，道德似乎剥夺了个人的自由，并对其强制施加社会规范。

这种观念自古就已存在。例如，柏拉图[83]在《理想国》中就曾表达，正义不过是统治阶级的利益："'正确的事'在各国具有相同的含义，即符合现存统治阶级利益的事。而统治阶级，则指拥有权力的强者。因此，我们可以推导出这样一个正确结论：合乎强者利益的事才能在任何地方都被称作'正确的事'。"

这种批评在现代仍然具有现实意义。不仅仅是国家，各种组织在要求道德和纪律时，也常常看起来像是强权统治，即以道德的名义维护着统治者的利益。而顺从地遵守道德规范的人，不过是被拔掉了獠牙（被阉割了）的动物。

对此，尼采[84]则认为，道德源自"弱者的嫉妒"。他曾这样写道："'好'和'坏'最初只是用来表示'优秀'和'逊色'的，并没有道德含义。"

83　柏拉图：参照 Basic 2。
84　弗里德里希·尼采：参照 Basic 9。

的确，在体育运动中，"好的运动员"指的是"优秀选手"，而"不好的运动员"则指"技术不好、能力差的选手"。也就是说，"好＝优秀＝强大，不好＝逊色＝弱小"。

然而，弱者们由于在力量上无法与强者相抗衡，因此会试图从其他角度来拉低强者。他们会聚在一起（如同兽群），私下议论纷纷，说些"他很傲慢，自恋狂"之类的坏话。

这样一来，强者变成了恶人，弱者变成了善人，"道德"就此产生。 弱者宣称自己善于合作，拥有善良的心。而实际上，**道德不过是弱者为了自我辩护而使用的工具。** 当我们审视世界时，各处都能见到"源于嫉妒的道德"。无论是大众媒体、学校、社区还是职场，到处都充斥着弱者的嫉妒，以及为此寻求的自我辩护。

按照这一观点的逻辑，也许对个人而言，不遵守道德反而更好。这就是"反道德的建议"。一方面，柏拉图认为："'正确的事'无非是为了强者的利益，'不正确的事'才是为了自己的利益。"看起来有点像"流氓的建议"。

另一方面，尼采则高声宣布要逃离弱者的嫉妒，走向"道德的彼岸"，这就是"超人的建议"。然而具体来看，这似乎还是"流氓的建议"。

图14 柏拉图和尼采

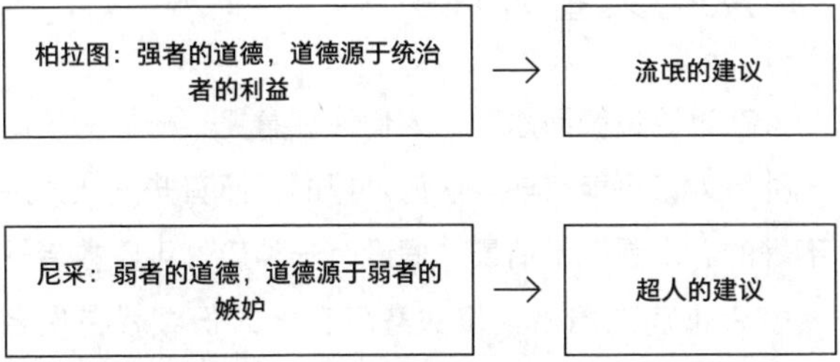

| 柏拉图：强者的道德，道德源于统治者的利益 | → | 流氓的建议 |

| 尼采：弱者的道德，道德源于弱者的嫉妒 | → | 超人的建议 |

Basic 33
从结果看好坏?

在讨论道德问题时,人们往往意见不一。对于同一种行为,可能有些人认为是好的,而有些人认为是不好的。来看以下情景:假设有一种药物可以救治一名患有重病的患者,但数量只有一人份。就在这名患者准备使用药物时,又有五名患者被送到了医院。如果将这份药物平均分成五份,每人使用五分之一,则五人能得救(如果分得更细,则所有人都无法得救)。在目前无法增加药物补给的情况下,我们应该如何处理?

有些人可能认为应该按照"先到先得"的原则,优先考虑重病患者。而另一些人则可能主张将药物平均分成六份,以实现人人平等。

在前一种情况下,虽然可以拯救一人,但其他五人都将无法获救。而在后一种情况下,虽然每个人都能获得一些药物,但由于不足以治疗,最终六人都会死亡。面对这种情况,功利主义者则会从结果出发,将药五等分以救治五人。这种注重结果的观念也被称为归结主义。

功利主义通过计算行为结果所获取的功利来判断行为的善恶。这句话有两个关键要点,第一个要点是善和恶取决于"快乐"和"痛苦"的总和。功利主义创始人杰里米·边沁[85]曾这样表述："我们必须做什么，以及我们将会做什么，只取决于痛苦和快乐。"

另一个要点是，在计算"快乐"和"痛苦"的总和时，要考虑到所有相关的人。**功利主义考虑的是群体的整体利益，而不是个人的利益。**

功利主义常常被误解为"利己主义"，但实际上它更应该被称为"公益主义"，因为它强调考虑整体的利益。如果对群体不利，即使对个人来说是有利的，也不是一种好的行为。以上要点可以总结如下：

> 功利主义的要点：
> ①归结主义；
> ②苦乐计算主义；
> ③整体利益主义。

由于每个人对于"何为善，何为恶"的标准不同，所以道德问题无法仅仅通过事实解决，从而常常引发情感上的冲突。为了打破这种困境，"快乐和痛苦"作为一种普遍接受的标准被提出。功利主义通过引入"苦乐计算法"这一客观原则，强调道德问题可以进行科学化的讨论。

85　杰里米·边沁：18—19世纪英国哲学家、法学家。他提倡功利主义，并主张"最大多数的最大幸福"。代表作为1789年出版的《道德与立法原理导论》。

···— 专栏 —···

功利主义的基准是"苦乐",因此公益的对象不仅限于人类,还包括所有能感受快乐和痛苦的生物。具体来说,动物在像人类一样经历快乐和痛苦时,也应被纳入计算苦乐的范畴。因此,功利主义者中有像彼得·辛格[86]一样倡导动物解放的人,素食主义者也不在少数。此外,功利主义与现代环境保护运动的联系也十分紧密。

---

86 彼得·辛格:20—21世纪澳大利亚哲学家,目前仍在世。20世纪后半叶,他在环境哲学和生命哲学领域展开了激进的辩论,引起了关注。辛格从功利主义的角度批评了人类中心主义,并倡导动物解放。

Basic (34)
遵循普遍适用的原则

在评价行为的善恶时,德国哲学家伊曼努尔·康德[87]采用了与功利主义不同的方法。康德在道德哲学中提倡"义务论",这一观点至今仍有重要影响。为了更好地理解康德的观点,让我们来看以下案例。

假设我的朋友A正被杀手追赶,他逃到我这里寻求庇护。之后,杀手找到我问:"A在这里吗?"此时,我是否可以说谎?

这是康德提出的问题,即为了救朋友是否可以撒谎?

康德对此的回答是"不应该撒谎"。这个答案看起来有些不合理,但康德的道德理念中包含着一种义务观念,即"个人行为的标准必须可以成为普遍的立法原则"。

这句话的表述较为复杂,核心思想却十分简单。例如,在考虑行为的好与坏时,人们通常会倾向于仅从自身角度出发作出判断。"我可以这么做,但别人不可以。"而康德则**要求我们不仅要考虑自己,还要考虑是否每个人都可以采取相同的行动**,这就是所谓的"普遍立法原则"。

87　伊曼努尔·康德:参照 Basic 1。

如果我可以说谎，那么其他人也可以说谎。这样一来，人际关系和社会将不再正常运作，社会将充斥着谎言，人们之间无法相互信任。

因此，康德不认同"他人不能说谎，而自己可以说谎"的例外情况。这就是所谓的"定言命令"。

康德的义务论并不是根据行为的结果来判断善恶，而是根据行为本身和行为的动机。例如，如果一个人为了想要得到他人称赞而做了一件好事，康德并不会认可这种行为。康德认为真正的善行是内心自发的行为，是每个人都应该做的。

因为康德的义务论不考虑行为的后果，所以可能会导致最糟糕的结果。有时，即使动机是好的，结果却可能是最坏的。如之前提到的"是否可以说谎"的例子。如果为了不说谎而说"朋友在这里"，可能会导致朋友被杀害。尽管如此，康德的信念却毫不动摇："因为你应该做，所以你应该做。"这就是康德的义务论。

···— 专栏 —···

　　在康德的诸多哲学观点中，是否该对杀手说谎的观点所受的批判最多。迈克尔·桑德尔[88]在其广受关注的"白热教室"节目中提出了对这个问题的新看法。简言之，这是一种既不撒谎，同时也不让朋友遭到杀手袭击的方法。具体来说就是用含糊的措辞，例如可以说"我刚刚在对面街道上看到他"。这种说法确实并非谎言，同时也没有透露朋友的藏身之处，看起来似乎行得通。但是，杀手是否会天真到上桑德尔的当呢？

88　迈克尔·桑德尔：20—21世纪美国哲学家，目前仍在世。他于20世纪80年代出版《自由主义与正义的局限》一书，批评自由主义并倡导社群主义（共同体主义）。进入21世纪后著有《公正：该如何做是好？》，在"白热教室"中的独特教学风格也引起了大众关注。

Basic 35
如何成为一个"好人"？

自古希腊时代以来，"如何成为一个好人"一直是道德问题的核心。人应该具备的"善"被称为"德性"（卓越性）。历史上，人们曾探讨了各种不同的"德性"。

例如，亚里士多德认为，智慧、勇气、节制和正义等是人类必备的"德性"。相比之下，中世纪的基督教则认为，信仰、希望和爱是重要的"德性"。到了现代，勤奋和诚实等品质可能被视为所需的"德性"。就这样，随着社会和时代的变化，"德性"的内容也在发生变化。

然而，尽管"德性"的内容不断变化，"德性"这一概念的意义却始终如一。来看看亚里士多德[89]对"德性"这一概念的解释。

"德性是使具备它的人或物保持良好的性情并能充分发挥其作用的品质。例如，眼睛的德性可以使眼睛的功能更出色，我们能看清事物正是因为眼睛的德性。人类的德性也应是一种能使人成为好人并能充分发挥其自身能力的品质。"

也就是说，**"德性"是指能使功能得到充分发挥、**

---

89 亚里士多德：参照 Basic 2。

使人或物变得更好的"卓越性"。然而，这并不是立即就能获得的品质，而是需要通过"习惯"来养成和巩固。在这一过程中，教育扮演着重要的角色。需要注意的是，教育也需要通过"习惯"让学生实践习得，而不是以理论的形式教授。

进入近代后，强调人类美德的道德观念不再流行，取而代之的是功利主义和义务论。**这两种理论都关注"行为"，探讨"应该做什么"和"不应该做什么"**。但这两种理论在20世纪后半叶受到批评，于是此前的"德性伦理学"再次复兴。

"德性伦理学"关注人类的广泛美德，却并没有直接提供具体行为的指导。它主张"有德性的人的行为便是好的行为"，但并没有告诉我们具体应该"如何去做"。因此，"德性伦理学"作为伦理学如何应用于具体情境，仍需进一步探讨。

按照亚里士多德的观点，"德性"是指"过度"和"不足"的中间状态，也就是所谓的"中庸"。他列举了几项品德，出人意料的是，其中一些甚至在现代仍然适用。

图15 过度/中庸(德性)/不足

过度	中庸(德性)	不足
鲁莽	勇气	胆怯
放纵	节制	迟钝
无耻	谦虚	腼腆
获利	正义	损失
散漫	慷慨	吝啬
虚荣	自信	自卑
狡猾	谨慎	老实

Basic (36)
道德死了，一切都被允许了？

一般来说，道德哲学家的讨论都是在假定了道德的定义之后，再详细说明什么样的行为是好的。然而在19世纪末，德国哲学家弗里德里希·尼采[90]从根本上否定了这一前提。

尼采有一句名言："上帝已死。"这里的"上帝"**不仅指宗教意义上的神，还包括一切拥有绝对价值的事物。**例如，"绝对真理""绝对善恶""绝对美"，尼采认为这些都已经不再成立。"绝对"的意思是超越时间和空间，"适用于任何时间和任何地点"。如果"只在现在、只在这里是正确的"，那就不是绝对的。

在现代，也许很多人都会认同尼采的思想。尼采称其为"虚无主义"，并预言它将在20世纪和21世纪流行。在现代，绝对标准消失了，取而代之的是"一切皆可"，这正表明尼采的预言是正确的。以下是尼采将虚无主义思想应用于"道德"问题时所作的讨论："我反对那些停留在现象层面、坚持'唯有事实'的实证主义。事实并不存在，只有解释存在。"

尼采的思想中原本就有"视角"（透视）[91]主义，即主张事物会因观察的立场、视角不同而"看起来

---

90 弗里德里希·尼采：参照 Basic 9。
91 视角（透视）：参照 Introduction。

不同"。"道德"也不例外。看待的角度不同，对道德（善恶）的理解也会有所不同。因此，尼采使用了"解释"一词。意思是说，道德并不是所有人都认可的客观事实，会因每个人的视角不同而产生不同的解释。

如果道德没有客观标准，仅仅是解释的话，我们就无法确定"什么是正确的，什么是错误的"。如果将这种思想贯彻到底，那么对如"为什么不能杀人"这样的问题，就无法明确地给出理由。

因此，阿多尔诺和霍克海默在《启蒙辩证法》一书中这样评价尼采的观点："尼采毫不含糊地宣扬了这样的观点——理性无法对杀人提出原则性的反驳。"

···— 专栏 —···

"如果上帝不存在，一切行为都将被允许！"

这句名言出自俄罗斯文豪陀思妥耶夫斯基的小说《卡拉马佐夫兄弟》，被认为是对尼采虚无主义的文学表达。二战后的法国哲学家让-保罗·萨特认为，这句话是"存在主义"的起点。如果现代是没有上帝的时代，那么在"一切行为都将被允许"的情况下，如何判断善恶？现代人必须直面这一极其困难的问题。

Basic 37
道德判断不过是审美判断？

在关于道德的现代思想中，有一种名为"情绪主义"[92]的思潮。如果将尼采的道德论称为强硬虚无主义（对道德的彻底怀疑）[93]，那么道德的"情绪主义"则可以被称为温和虚无主义[94]。

首先来了解一下情绪主义的早期提倡者——20世纪英国哲学家A.J.艾尔[95]——的思想。

"你偷了那笔钱是做了坏事。"

这个句子由事实判断"你偷了那笔钱"和道德判断"做了坏事"两个部分组成。虽然句子的结构是"嵌套结构"，但这两个判断在本质上是不同的。首先，"事实判断"可以从原理上判断真假。如果实际上偷了，那就是真的，否则就是假的。问题在于随后的道德判断。

92　情绪主义：A.J.艾尔和C.L.斯蒂文森提出的伦理学说。它认为道德问题无法通过事实判断或逻辑讨论来解决，必须考虑情感和情绪的影响。
93　强硬虚无主义（对道德的彻底怀疑）：参见温和虚无主义。
94　温和虚无主义：如果将虚无主义分为两类，那么尼采所主张的虚无主义可以被称为"强硬虚无主义"，而相对较为温和的虚无主义则可以被称为"温和虚无主义"。强硬和温和的区别在于是否定道德。
95　A.J.艾尔：将逻辑经验主义思想引入英国，并在1936年出版了《语言、真理和逻辑》一书。

因为即使"你偷了那笔钱"是事实,我们也无法确定它是好的还是坏的。好坏与事实不同,它是另一个维度的问题。那么,人们如何判断好坏呢?艾尔给出的答案是"情感"或"情绪"。

"如果将我的观点概括为'偷钱是不好的',那我仅仅创造了一个没有事实性意义的句子,也就是说,句子中没有任何可以判断真假的命题。这就像我写下'偷钱!',通过感叹号的形状和粗细以一定的规则来表达特定的道德否定情绪一样。在这种情况下,没有任何可以判断真假的陈述,这一点显而易见。"

换言之,**关于"好"或"坏"的表述,是对事实("你偷了那笔钱")的情感表达,就像说"哔"或"耶"一样。情感的表达无关对错。**

例如,当一个人说"咖喱很难吃"时,吃过咖喱的人不必质疑这种陈述的正确性,因为这只是口味上的喜好差异而已。这种判断被称为审美判断,也就是说,"咖喱好吃还是难吃"只是审美判断,关于它的真实性是无法确定的。

这样一来,**关于"好还是坏"的道德判断最终都会变成"喜欢还是讨厌"的审美判断。**或者说,只是审美判断被伪装成了看似重大的道德判断。

如此我们就能明白,社会上许多所谓的"道德判断",实际上都只是表面现象,本质仍然是"审美判断"。例如，当一位中学校长对学生说："男孩子应该留短发，清爽利落才是学生的样子，这样才好。"学生们听了之后也许会想：啊，这只是校长先生的个人喜好吧。

Chapter 4
幸福：我们可以追求什么？

古往今来，人们提出了许多关于如何获得幸福的观点。这是因为人类总是处于不幸之中吗？

无论是否真的不幸，寻求幸福的愿望都是人之常情。帕斯卡[96]曾这样说过："每个人都追求幸福，毫无例外。无论采取何种方法，人们都在朝着同一个目标努力。有些人去打仗，另一些则不去，但他们都有同样的愿望，只是对实现幸福的方式有不同的看法。这就是人类行为的动机，甚至包括想要自杀的人。"

虽然所有人都渴望幸福，但人们对于"幸福"的理解并不完全相同。那么，幸福究竟是什么呢？

幸福可以分为客观的幸福和主观的幸福。客观的幸福可以列成一张幸福清单。例如，健康比生病更幸福，富裕比贫穷更幸福。尽管这些因素并不足以成为幸福的充分条件，但我们无法否认它是必要条件。

另外，从主观的角度理解"幸福"，可以认为"幸福=幸福感"。实际上，有些人即使过着物质上富足的生活，也可能感觉不到"幸福"。相反，有些人即使在物质上并不富裕，也可能感觉得到"幸福"。在"幸福指数排名"中，一些并不富裕的国家经常排名

---

96 布莱士·帕斯卡：参照 Basic 9。

靠前。

因此，本章将提供四种理解幸福的视角。

图16　理解幸福的四种视角

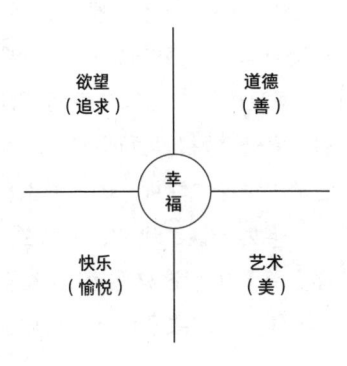

```
          欲望          |          道德
        （追求）        |         （善）
                     ┌─────┐
    ─────────────────│ 幸福 │─────────────────
                     └─────┘
          快乐          |          艺术
        （愉悦）        |         （美）
```

Basic 38
问题在于如何抓住幸福

幸福（英语happiness，德语glück，法语bonheur）一词从词源上来看，意为"偶然获得的东西"。从这个意义上说，它与"幸运"几乎没有区别。俗话说的"意外之财"也可以称作"幸运"。

然而，哲学界讨论"幸福"的人通常反对将"幸运"与"幸福"混为一谈。例如，伯特兰·罗素[97]在其著作《幸福之路》中就这样写道："除了极个别的情况外，幸福不像成熟的果子那样，仅仅靠着幸运就能掉到你的嘴里。"

这句话意在说明，**"幸福"不是由他人赠予、偶然获得或由神赐予**，而是需要通过发挥自己的力量来获得。在这一点上，阿兰[98]的《幸福散论》也表达了同样的观点。

"有人说，幸福总是逃离我们，如果是指他人给予的幸福，这个说法或许合理。因为所谓被给予的幸福实际上是不存在的。相反，自己创造的幸福则永远

97　伯特兰·罗素：19—20世纪英国哲学家、数学家、逻辑学家。他于1950年获得诺贝尔文学奖，在诸多领域中作出了广泛的贡献，对后代产生了深远的影响。

98　阿兰：本名埃米尔-奥古斯特·沙尔捷，为19—20世纪法国哲学家。阿兰是一位善于利用短文思考的道德学家，所著散文集成《幸福散论》一书。

不会让人失望。"

图17 "三大幸福论"（出版于19世纪末至20世纪上半叶）

作者（国籍）	书名（出版年份）	特征
卡尔·希尔蒂（瑞士）	《幸福论》（1891）	伦理性、宗教性
阿兰（法国）	《幸福散论》（1925）	文学性、哲学性
伯特兰·罗素（英国）	《幸福之路》（1930）	合理性、常识性

希尔蒂[99]在《幸福论》中也表达了同样的观点。希尔蒂的《幸福论》与罗素、阿兰的作品并称为"三大幸福论"，前者也是三部著作中最具宗教色彩的一本。从其开篇的"工作中的幸福"一章就可以明显感受到其对"自我实现"的强调与重视。

"每一份真正的工作都有一个特质，那就是只要人们全身心地沉浸其中，工作便会立即变得有趣起来。幸福并非来自工作的种类，而是源自创造和成功的喜悦。最大的不幸莫过于没有工作的生活，一生都看不到成果的生活。"

迄今为止，已经有各种各样的幸福论，其中最重要的是确认"幸运"和"幸福"的区别。

99　卡尔·希尔蒂：19—20世纪瑞士哲学家。希尔蒂是虔诚的基督徒，著有《幸福论》和《不眠之夜》。

Basic (39)
幸福与道德一致

当问及正在找工作的大学生"为什么要找工作"时,他们可能会一脸无奈地回答:"为了进入好的公司啊。"但如果再次问他们"为什么要进入好的公司",他们会有怎样的回答呢?是因为这样可以得到社会的认可?还是因为可以过上稳定的生活?当你再次追问"为什么想过稳定的生活"的时候,他们又会有什么样的答案呢?

当我们一步步追问目的(为了什么),最终将到达一个最高层次的终极目的,亚里士多德[100]将其称为"幸福"。在我们的生命中,"幸福"是最终的目的,也被称为"至善"。

"大多数人都认为,至善就是幸福,好好地生活并行善是幸福的本质。"

将幸福视为"终极目的"的想法通常被称为"幸福主义"。人们都追求善,至善就是"幸福"。那么,我们应该如何看待"幸福"呢?

这之所以成为问题,是因为"善"这个词有二义性。对某些人来说,感性的"快乐"就是"善",而且是最高的"善",而"幸福"就在"快乐"之中。

---

100 亚里士多德:参照 Basic 2。

这种想法被称为"快乐主义",但亚里士多德反驳了这种观点。

亚里士多德认为,在理解"幸福"的含义时,应将其与"德性"联系起来。他这样说道:"基于最好最完整的德性而产生的灵魂行动,对人类而言就是善。"这里所说的"德性"是指"卓越性",对人类而言,"卓越性"就是指人的道德。

理解这一点之后,我们或许就能明白为什么亚里士多德要在《尼各马可伦理学》中论述"幸福主义"了。将"幸福"和"道德"紧密相连是亚里士多德"幸福主义"的关键所在。**那些将反道德的"快乐"视为对自己有利的"好事"并以此为基础行事的态度,不能被称为"幸福"。**因此,他强调:"幸福的生活是严肃的,而非逐欢取乐。"

···— 专栏 —···

在古代哲学中,伊壁鸠鲁提出了不同于亚里士多德的"幸福论"。他主张"快乐主义",认为"幸福"的实质在于"快乐","快乐"本身就是"善"的体现。但是,如果仅仅随从"欲望",并不一定能获得"快乐",甚至可能带来"痛苦"。因此,通过控制"欲望",获得"心灵的平静"(ataraxia),才能拥有"快乐"。

Basic 40
为了正确地生活，不要追求幸福

亚里士多德式的"幸福论"（认为幸福和道德一致）引起了现代最伟大的哲学家之一伊曼努尔·康德[101]的坚决反对。康德认为"幸福"是基于人类难以遏制的"欲望"，而道德则是追求"善"。

"使人幸福和使人善良、使人聪明并为自己谋利和使人具备美德，这些都是完全不同的事……"

康德并不否定人类天性追求"幸福"。因为人类拥有欲望（康德称之为"倾向性"），并基于此寻求"幸福"。然而，**这种"幸福"与追求"善"的道德是完全不同的。**

例如，假设我们通过巧妙地撒谎成功完成了工作并变得富有。的确，工作成功可能满足了自己的欲望，也获得了他人的称赞。但如果被问到"这样的幸福是善吗"的时候，大多数人可能会犹豫不决。如果无视道德上的"善"，即使获得了"幸福"，心中也应该会感到不安和不适。

康德认为道德上的"善"是没有例外的，这就是"定言命令"。

例如，即使会导致不幸的结果，我们也必须绝对

---

101 伊曼努尔·康德：参照 Basic 1。

遵守"不要说谎"这一道德规则。日语中有一句俗语叫"谎言有时也是权宜之计",意味着有时说谎可能会获得更好的结果。但即使在这种情况下,康德也坚持认为"绝不能说谎"。当面临"选择幸福还是道德"这一问题时,康德会毫不犹豫地命令人们"选择道德"。即使这一选择可能需要牺牲朋友,甚至是自己和家人的幸福。

这是一种非常严苛的道德主义。尽管近年来这种道德严格主义并不受欢迎,但如果放弃这一原则,就有沦为简单的"机会主义"的危险。

例如,我们来思考一下道德规则的例外性。在现实生活中,有时我们会违反规则或不能按原则行事,因不可抗力而无法履行对他人的承诺。温和的道德观认为此时应该酌情考虑并宽恕他人。然而,康德认为这样的例外是不能被接受的。对例外性问题的看法也将影响我们对幸福的看法。

…— 专栏 —…

康德的道德严格主义也反映在他的生活中。有一则广为流传的故事,说他每天都按照固定的时间和路线散步。因此,当小镇上的居民看到康德在散步时,就会说:"看,康德先生现在走到这里了,这说明现在是某个时间!"这个故事常常被引用,提醒人们谨记康德的"不允许例外主义"。

Basic (41)
通过艺术获得幸福

对于那些积极评价"幸福"的哲学家，19世纪末德国哲学家弗里德里希·尼采[102]保持着冷漠的态度。他坚决认为，"快乐主义"和"幸福主义"只能被视为"令人嘲笑和同情的事物"（引自《善恶的彼岸》）。

在尼采的处女作《悲剧的诞生》（1872）中，他用希腊神话回答了弥达斯国王提出的问题——"对人类来说，最好、最伟大的是什么？"他答道："最好的是你永远无法得到的，也就是从未出生、从未存在、虚无的状态。但对你来说还有第二好的东西，那就是早日死去。"

尼采的言论是受到叔本华影响的"厌世主义"（pessimism），即"人生充满着苦痛"。对当时的尼采来说，生存本身只有痛苦和不幸。这种感觉不仅为尼采独有，很可能也得到了许多人的理解和共鸣。

然而，如果有人谈论"厌世主义"，我们最好不要太认真对待。因为谈论者仍然活着，**谈厌世主义本身就是自相矛盾。**

---

102 弗里德里希·尼采：参照 Basic 9。

图18 艺术的两种类型

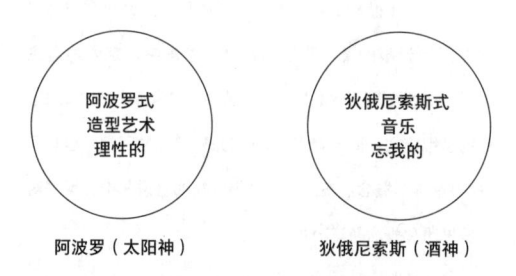

```
   ┌─────────────┐         ┌─────────────┐
   │  阿波罗式    │         │ 狄俄尼索斯式 │
   │  造型艺术    │         │    音乐      │
   │   理性的     │         │   忘我的     │
   └─────────────┘         └─────────────┘

   阿波罗(太阳神)           狄俄尼索斯(酒神)
```

如此一来,生命本身全是痛苦这种说法便是不现实的。更适合的说法可能是"生命中有快乐,有时也伴随痛苦"。那么,如果我们感受到人生中的痛苦,除了"早死"之外,还有什么其他方法吗?

在《悲剧的诞生》中,尼采的策略是"通过艺术获得救赎"。这里的"艺术"具体指"音乐",尼采认为通过它可以忘却自我(进入狂喜状态),从人生的苦难中解脱出来。这一想法后来被尼采"自我批评",但它也许意外捕捉到了"人生"的本质。

虽然不知能否仅靠音乐摆脱生命中的苦痛,但进入"忘我"的状态——无论是通过音乐还是饮酒——对人类来说可能都是必要的。

····— 专栏 —····

  尼采在《悲剧的诞生》中阐述的厌世主义思想被他自己在之后新版的《自我批判尝试》序言中否定为浪漫主义[103]。他批判将"生命"视为痛苦并通过音乐（艺术）来忘却的思维模式，同时提出了替代方案："永恒回归"思想和"权力意志"概念。在《查拉图斯特拉如是说》中，尼采对这些思想和概念有进一步的讨论。

---

103 浪漫主义：18世纪末至19世纪在欧洲发生的艺术和思想运动。它反对理性古典主义，赞美情感的高涨，表现了对自然和无限的向往。

Basic 42
请关注不幸，而不是幸福

在所有关于幸福的讨论中，极其引人注目的思想之一便是精神分析学家西格蒙德·弗洛伊德[104]的观点。他在70多岁时写下一篇名为《文明及其不满》（1930）的论文，在其中阐述了他的幸福哲学。

根据弗洛伊德的说法，生命的目的确实是"幸福"。但需要注意的是，这个目的有积极的一面（"追求强烈的快感"）和消极的一面（"追求没有痛苦和不快的状态"）。换言之，人类为了"变得幸福"，一方面寻求强烈的快感，另一方面避免痛苦和不快。弗洛伊德将此称为"快乐原则"，这并没有什么新奇之处。那么，弗洛伊德的讨论有趣在哪里呢？

有趣之处在于他揭示了一个真相，即对人类而言，追求"幸福"是如此艰难，而"不幸"却常常轻易降临。

"最严格意义上的幸福只诞生于强烈压抑的欲望突然被满足的那一瞬间。它只是一种短暂的片段式现象。当快乐原则所追求的状态持续时间变长时，只会带来一种平淡乏味的舒适感。人们只会在强烈的对比中获得快感，只能在极短的时间内体验到快乐。"

"人类实现幸福的可能性受到了我们自身心理结

---

104 西格蒙德·弗洛伊德：参照 Basic 14。

构的限制。然而，经历不幸却容易得多。"

我们可以以恋爱和婚姻为例来解释这一问题。在恋爱的时候（包括不伦之恋），我们都会心跳加速，产生强烈的感情。但一旦长时间相处并结婚后，便只有"平淡乏味的舒适感"。然而，如果因此走向不伦之恋，"不幸"则很容易降临。

弗洛伊德将不幸的原因分为三种：①**自己的身体**；②**周围的环境**；③**人际关系**。他说："由最后一种原因造成的痛苦可能比其他种类的痛苦更让人苦恼。"

弗洛伊德认为，如果无法有效地处理这些痛苦，就会导致心理疾病的发生。避免这种情况发生的方法之一是依靠"宗教"，但弗洛伊德将宗教称为"集体妄想"。这样想来，人类追求幸福的道路是多么坎坷！

…— 专栏 —…

关于心灵原则，除"快乐原则"之外，弗洛伊德还提出了"现实原则"，意思是要延迟满足，通过曲折的方式获得快乐。尽管表面上看起来与快乐原则相反，实则不然。现实原则也旨在实现快乐，只是方法不同而已。两者的差异在于：是想像孩子那样立即实现快乐，还是想像成年人那样忍耐直到实现的那一刻。然而，成年人是否都能做到这一点又是另外一个问题了。

Basic 43
追求生存美学

谈论幸福时,"性"的问题是不可避免的。因为快乐和痛苦总是与性紧密相关。因此,弗洛伊德[105]又将快乐原则描述为"难以教育的性欲的表现方式"。

即使是看似高雅的"幸福论",一旦剥开表皮,也会变成混浊不堪的"性爱论"。

1984年,法国哲学家米歇尔·福柯[106]因艾滋病去世。去世之前,他出版了《性史》第2卷和第3卷,该书被视为福柯独具特色的"幸福论"。书中,"性"和"幸福"是如何联系起来的呢?

在《性史》第1卷(1976)中,福柯探讨了现代的"性"的存在方式。而在其晚年出版的第2卷和第3卷中,则回溯至古希腊罗马时代进行讨论。他在一次采访中这样解释道:"将自己的生命打造成个人的艺术作品——即使它遵循集体的道德标准,我认为这是古典时代道德经验和道德意志的核心所在。……探索,即对'生存美学'的探索。"

一般来说,性欲往往强烈支配着人类并让人迷失自我。这种被欲望支配的生活方式能称作美的生活方

---

105 西格蒙德·弗洛伊德:参照 Basic 14。
106 米歇尔·福柯:参照 Basic 19。

式吗？也就是说，在从社会道德的角度判断之前，我们首先要考虑的是这种生活方式本身是美好还是丑陋。不仅仅是性欲，在观察贪欲强烈的人时，我们应该也无法产生太多美感吧。

福柯认为，要过上美的生活并不需要全面否定欲望并过着禁欲的生活。这一点从《性史》第2卷书名《快感的享用》和第3卷书名《关注自我》中不难看出。福柯认为关键在于如何节制和控制欲望，以及如何通过这种方式来关怀自己。

可能有些突兀，此时我想起了九鬼周造[107]在其著作《"粹"的构造》（1930）一书中所阐述的日式概念"粹"。九鬼指出，**"粹"的特点不是沉迷于混浊不堪的欲望中，而是与对方保持适当距离，以优雅洒脱的方式相处**。虽然现代日本人是否保留了这种"粹"尚不确定，但至少可以认为，"粹"的生活方式作为一种"生存美学"仍然具有吸引力。

---

107 九鬼周造：19—20世纪日本哲学家，曾长期留学欧洲，受教于海德格尔等人。回国后发表《"粹"的构造》，该书作为研究日本文化的著作得到高度评价。

Basic 44

人活着是为了什么？

许多人在年轻时都会自问："人为了什么而活？人生的意义是什么？"尽管我们深思熟虑，但可能最终并没有得到确切的答案，渐渐地这些问题也被遗忘。我们可以称之为"年轻气盛"，但这并不代表我们已经找到了答案。

第二次世界大战后，萨特[108]的存在主义开始在法国流行，和萨特一起活动的小说家阿尔贝·加缪[109]在战争期间写了一篇名为《西西弗斯神话》（1942）的哲学散文。散文中出现了希腊神话中的英雄"西西弗斯"（Sisyphus），而加缪这样写道："诸神对西西弗斯的惩罚是让他将一块巨石推上山顶，但由于巨石太重，每每到达山顶就又滚下山去。诸神认为没有比进行这种无效无望的劳动更可怕的惩罚了，这确实有一定道理。"

在该书的开篇，加缪说"真正重大的哲学问题"只有一个，那就是"自杀问题"。判断人生是否值得活下去，是在回答哲学的根本问题。

---

108 让-保罗·萨特：20世纪法国哲学家、作家。二战后，萨特提出了存在主义并产生了世界性的影响。代表作品有1943年出版的《存在与虚无》、1960年出版的《辩证理性批判》。

109 阿尔贝·加缪：20世纪法国小说家、评论家，以1942年出版的《局外人》而闻名于世，于1957年获得诺贝尔文学奖。

那么，这一问题应该如何回答呢？

看完西西弗斯的惩罚，我们很容易产生一种错觉，仿佛我们正在看着我们日常生活的镜像。从周一到周五，起床、吃饭、坐电车、工作、坐电车、回家、睡觉，日复一日。我们与西西弗斯又有何不同？

此时，加缪说道："**'为什么'一旦被提出，倦怠往往就开始了。**"

实际上，这一问题有一个陷阱。如果从外部眺望"整个人生"，很可能无法理解"人生的意义（目的）"。例如，宗教信仰者可能会回答"为了上帝"，此时我们可以继续追问："上帝为什么而存在？"这样就会无限追问下去，最终仍然无法得出答案。

然而，如果我们将目光集中在人生中的某一件事上，其目的（意义）当然就会浮现出来。例如，被问及"工作是为了什么"时，我们可以给出各种回答。此时，停止进一步的追问也许是一种方法。但这并不意味着根本性的疑问就此消失。

当日复一日地重复相同的事情，无法找到被称为"人生意义"的生存目的，那么生存的意义真的还存在吗？对此，尼采明确表示"**什么都没有（虚无）**"。因此，他提出了"虚无主义"，但即便如此，人为什么要活下去呢？这也是尼采哲学中的根本问题。

Basic 45

通过体验机制造幸福感，能获得幸福吗？

我们可以从一些客观的角度来理解幸福这一概念，如健康、财富、家庭和朋友等。然而，即使拥有这些东西，有些人也不会感到幸福。**幸福是每个人内心的感受，具有主观的特性**。换句话说，我们可以认为"幸福就是拥有幸福感"。

此时，美国哲学家罗伯特·诺齐克[110]提出了一个问题：如果一个人拥有幸福感，就可以说这个人是幸福的吗？

诺齐克著有《无政府、国家与乌托邦》（1974）一书，被认为是自由至上主义[111]的代表人物之一。该书提出了很多有趣的思想实验，其中尤其以"体验机"的例子最广为人知。

"假设有这样一台机器，它能给你任何你想要的体验。最出色的神经心理学家们通过刺激你的大脑可

---

110 罗伯特·诺齐克：20—21世纪美国哲学家。他反对罗尔斯的自由主义，主张自由至上主义。在他于1974年出版的《无政府、国家与乌托邦》一书中，诺齐克通过精彩的思想实验，引人入胜地阐述了自由主义的原理。

111 自由至上主义（libertarianism）：20世纪在美国出现的一种与自由主义（liberalism）相区别的观点，也被翻译为自由尊重主义或自由意志主义。美国的自由主义在经济方面主张平等，限制个人自由。自由至上主义对此提出批判，追求经济上的自由。

Part 1　了解人生的本质

以让你想到或感受到他们想让你想到或感受到的一切。在此期间,你一直漂浮在一个容器中,脑部连接着电极。如果你的人生经验都是由这台机器预先编程好的,你会愿意永远被它控制吗?"

如果你看过电影《黑客帝国》,也许对这一设定并不陌生。那么,诺齐克关注的究竟是什么问题呢?

"体验机"可以在人们的大脑中制造出自己期望的世界,并让人们在心中感受到这个世界的存在。简单来说,这台机器可以通过刺激人类的大脑,创造出人们在睡梦中所见的世界。它能让人们在心中实现个人的愿望,看到想看的东西。如果连接上这个体验机,就能在心中看到自己期望的世界。

当然,现实中他们只是头戴电极漂浮在容器里,但在内心世界中,他们可以拥有财富、受异性青睐、事业有成等等。也就是说,他们获得了充足的幸福感。然而,获得这种幸福感,就可以说这个人是幸福的吗?如果无法立即回答"是",那么"幸福=幸福感"这个等式就无法成立。

···— 专栏 —···

在古希腊时代,有一个关于疯子的幸福的故事。这个疯子离开城市住在港口,他相信所有进出港口的船都属于自己。每当有一艘船进港,他都会高兴地大喊:"船平安到港,太好了!"疯子的兄弟看到他这种状态,带他去医院治疗。治愈后,他不再认为那些船是自己的,也因此不再感到快乐了。他的幸福感因为疾病的治愈而消失了。那么,他因治疗而变得幸福了吗?

Basic (46)
幸福感无法解释幸福?

拉丁语中有一句著名格言"Memento mori",意为"记住你终有一死"。人类总是反复强调"死亡是人类最大的不幸",因此在日常生活中,我们往往试图忘记死亡,转而投身于各种乐趣之中。

与此相反,古希腊享乐主义者伊壁鸠鲁[112]则说:"不要害怕死亡。"因为人类无法知道"自己的死亡"究竟是什么样子。他这样说道:"死亡常常被视为最可怕的恶之一,但实际上对我们来说它毫无意义。只要我们存在,死亡就不存在;当死亡存在时,我们就不再存在。因此,生者与死者都与死亡毫不相干……"

我们所能了解的,不过是"他人的死亡"。在经历他人的死亡后,我们以此来想象自己的死亡,并作出了判断:死亡是可怕的。然而,伊壁鸠鲁明确指出这种想法是错误的。我们无法经历自己的死亡,因为我还没有死去;而当我们经历死亡时,我们已经不存在了。

"死亡"是一种只有"经历过死亡的人"才能了解的事情,这一想法与将幸福感视为幸福的观点有异

---

112 伊壁鸠鲁:公元前4—前3世纪古希腊哲学家,伊壁鸠鲁学派创始人,主张原子论和快乐主义。

曲同工之处。在探讨这种观点之前，让我们先来看看现代哲学家提出的另一个观点。

美国哲学家托马斯·内格尔[113]以一个因脑部损伤而精神退化至婴儿状态的人作为例子。这个人曾经非常聪明，但由于脑部损伤，精神状态与"出生三个月的婴儿"无异。照顾他的人满足他所有的欲求，他没有任何焦虑或厌恶感，对一切感到满足。

问题在于，处于这种状态的人可以说是幸福的吗？

从幸福感的角度来看，这个人的欲望得到了充分的满足，没有烦恼或不安，因此可以说他是"幸福的"。然而，内格尔指出："通常来说，这种情况不仅对他的朋友、亲戚和熟人来说是重大的不幸，对他本人来说也是如此。"这是为什么呢？

确实，从主观体验的角度来看，这个人可能对他目前的状态感到满意。然而，内格尔认为这并不能被称为幸福。原因在于，"这个原本聪明的人如果没有受到脑部损伤，会通过自然成长发展出更多可能性，但现在可能性被关闭了"。**一个人的幸福在于能够实现自己的可能性，不幸在于无法实现这些可能性。**

由此我们可以得知，幸福与否不仅取决于幸福

---

113 托马斯·内格尔：20—21世纪美国哲学家，目前仍在世。他在1974年发表的《成为一只蝙蝠是什么感觉》一文中探讨了感受质（qualia）的问题，引发了之后的各种讨论。

感，还需考虑自身的可能性是否得到实现。而死亡之所以不幸，是因为它剥夺了一个人所有的可能性。

— 专栏 —

当人们患上阿尔茨海默病时，他们是否幸福就成了一个问题。我们可以从幸福感和可能性的实现两个角度来回答。从幸福感的角度来看，只要他们的欲望得到了满足，那么他们就是幸福的。然而，与没有患上阿尔茨海默病时相比，他们的可能性被大大限制了。尽管如此，患病与被剥夺了所有可能性的死亡相比，仍然存在巨大差异。

Part 2

探索真理

Chapter 5
宗教：我们应该相信什么？

一个世纪前的预测认为，随着科学的发展，宗教最终会消失。然而，尽管科学后来得到了进一步的发展，宗教却没有表现出任何衰退的迹象。

在南美和非洲，信仰宗教的人数正在增加。在欧洲，虽然基督教信徒的比例在下降，但是伊斯兰教信徒的数量却在上升。此外，在美国，尽管主流的新教徒人数在下降，原教旨主义的福音派人数却呈上升趋势。

基于这些趋势，德国的乌尔里希·贝克[114]说道："21世纪初，宗教的回归现象打破了延续200多年、一直持续至20世纪70年代的普遍看法。"

与之前的预测相反，尽管科学得到了发展，但宗教似乎不会消失。那么，宗教不会消失的原因究竟是什么呢？

为了思考这一问题，让我们回到"相信"这个基本态度。在英语中，表示"相信"的词是believe（拉丁语credo、法语croire、德语glauben），翻译时会因语境而发生变化。例如，在宗教领域中，会翻译成"信仰"，在政治或道德等实践性的问题中，会

---

114 乌尔里希·贝克：20—21世纪德国社会学家。其在切尔诺贝利核电站事故发生后不久出版的《风险社会》畅销世界。

翻译成"信念"。

图19 知识与信仰的关系

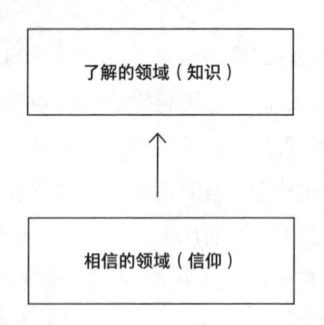

```
┌─────────────────────┐
│  了解的领域（知识）  │
└─────────────────────┘
           ↑
┌─────────────────────┐
│  相信的领域（信仰）  │
└─────────────────────┘
```

然而，这一术语原本并不限于特定的领域。在人类活动的任何领域中，都存在"相信"。在这种情况下，人们一般会简称为"信"。

如此一来，宗教问题就具有了广泛的含义。即使是没有宗教信仰的人，也并非完全不涉及"信"，因为人类的大部分活动都是基于"相信"进行的。

虽然平时我们常忽视这一点，但当与他人交谈时，我们往往相信对方是一个"拥有心灵"的人。我们并没有去确认这是不是事实，只是在某种程度上模糊地相信。

此外，在通勤或上学的路上，我们也在相信——相信公司或学校会像往常一样继续存在，相信我们乘坐的电车或公交车等交通工具会像往常一样运行。虽然有时也会发生事故或自然灾害，但在没有特殊情况时，我们通常会毫不怀疑地相信。

也就是说，我们的行动与知识都建立在"信"的基础之上。

如果每次都去质疑"这是不是真的"，我们可能什么也做不了。正是因为"信"的领域十分广大，我们才能行动并获取知识。相比之下，能作为知识得到确认的领域反而非常有限。

如果将"信"的领域称作"信仰"，那么可以说我们的"知识"正是依赖于信仰。这或许就是宗教根深蒂固的原因之一。

Basic (47)
不合理，故我信

在思考信仰和知识或宗教和哲学之间的关系时，"不合理，故我信"是一句非常著名的表述。因此，它也成为日本作家埴谷雄高[115]一部作品的书名。我们该如何理解这句话的意思呢？

这一表述最初来源于2—3世纪的基督教神学家德尔图良[116]，但并不是直接出现在他的著作中，而是后来与其他相关的话语一同被整理出来。以下是其拉丁文及译文。

①不合理，故我信（Credo quia absurdum.）
②为了理解而相信（Credo ut intelligam.）
③为了相信而理解（Intelligo ut credam.）

这三句表述的基础在于"相信"（信）和"理解"（知），以及宗教（信仰）和哲学（知识）之间的关系。如图20所示。

---

115 埴谷雄高：20世纪日本作家、评论家，在第二次世界大战前曾因参加左翼运动而被关押。其在战后创作的小说《死灵》，对战后一代的思想形成产生了巨大影响。《不合理，故我信》是他的格言集。
116 德尔图良：2—3世纪基督教神学家。"不合理，故我信"被认为是德尔图良的名言，但实际上的措辞略有不同。

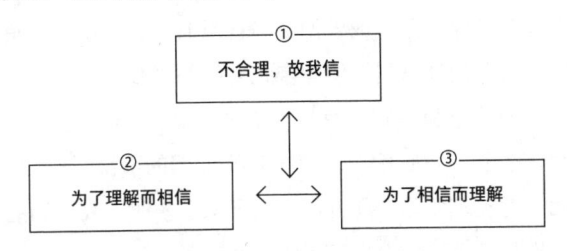

图20 相信（信）和理解（知）

```
          ① 不合理，故我信
                ↕
② 为了理解而相信  ⟷  ③ 为了相信而理解
```

"不合理，故我信"这句话的前提是信与知无关。在德尔图良的时代，基督教开始对希腊哲学产生影响，并引发了关于两者关系的讨论。德尔图良所提出的这一表述则试图明确区分这两个领域。**信仰和知识是完全不同的事物，正是因为无法作为知识被承认，才作为信仰被接受。**

其他两句表述则分别旨在追求宗教（信仰）或哲学（知识）。其中，"为了理解而相信"是中世纪哲学家安瑟尔谟[117]的立场，主张**信仰可以引导人类到达理性认知**。"为了相信而理解"则是阿伯拉[118]的观点，他认为**理性认知可以引导人类到达信仰**。

信与知这两个概念之间存在着三种关系。这种想

---

117 安瑟尔谟：活跃于11—12世纪的中世纪英国哲学家。他倡导"实在论"，被称为"经院哲学之父"，提出了"上帝存在的本体论证明"。

118 彼得·阿伯拉：活跃于11—12世纪的中世纪法国哲学家，被认为是"唯名论"的创始人，为中世纪经院哲学奠定了基础。他与学生爱洛依丝的爱情故事也广为人知。

法不仅存在于中世纪,也延续至近代及如今。因此,在理解各哲学家(或人们)的观点时,若能从这一角度出发,便能看到它们与传统之间的联系。

为了避免误解,有一点需要注意。"不合理,故我信"并不意味着"相信所有不合理的事情"。而是指当有些东西无法通过合理论证来证明时,我们只能选择相信。这种思想在现代仍然适用。

— 专栏 —

提到"中世纪",人们往往认为那是一个黑暗的时代,哲学被基督教支配,给人以沉重的印象。中世纪后期的哲学被称为经院哲学,"经院式"一词也常常用来描述那些对无关紧要的议题特意展开深入讨论的现象。总之,对中世纪时期的负面印象一直占据上风。然而近年来,对中世纪哲学的传统印象已被推翻,人们正重新审视着其丰富的内容。

Basic 48

"机械降神"与"不动的推动者"

在探讨宗教的功能时,日本常常引用"临时抱佛脚"的例子。显然,"临时抱佛脚"并不是褒义语,在哲学中也存在类似的说法,即"机械降神",拉丁语为"Deus ex machina"。

该词最初源于希腊时期的戏剧手法。当剧情出现困境时,演员会以神的角色登场,将难题解决。他们借助类似起重机的机关,以在空中飞行的形式出现,正如其字面意思"从机械中降临的神"。

这是悲剧作家欧里庇得斯钟爱的手法,然而,哲学家亚里士多德[119]却在《诗学》中对此提出了异议。他认为,戏剧的情节发展必须具备必然性,神突然出现并解决问题是不可取的。

"机械降神"在哲学上也常常成为被批判的对象。例如,亚里士多德就在《形而上学》中将阿那克萨戈拉的思想称为"机械降神"。因为每当遇到"事情必须以什么原因必然地发生"的难题时,阿那克萨戈拉就会搬出"nous"(理性)。这里的"nous"可以理解为调节宇宙秩序的动力来源。**通常,当无法将自然界的各种物质作为动力来源进行解释时,非物质的**

---

119 亚里士多德:参照 Basic 2。

"nous"就会被突然提出。

那么，亚里士多德又是如何看待神的呢？他认为，当我们观察自然界时，一切事物都是"自身被其他动力推动，又因此带动其他事物运动"。这样推演下去，就能得出结论：存在"自身不动，但能推动其他事物运动"的第一推动者。否则，"推动—被推动"的关系就会无限循环，没有尽头。亚里士多德将这种"不由他物推动，而能推动其他事物运动（不动的推动者）"的存在称作"神"。

然而，人们也许会对亚里士多德的观点产生怀疑，因为这与"机械降神"并无太大区别。他提出"不动的推动者"这一概念，似乎只是为了结束推动与被推动之间的无限循环。

因此，我们不能简单地批判"机械降神"。无论是哪种宗教或哲学，如果假定"神"的存在，那么它必须被赋予不同于其他事物的角色特质。我们可以称之为神的超越性。这种超越性该如何实现？也许我们在某些地方确实需要"机械降神"。

Basic (49)
上帝因完美而存在

如何证明上帝的存在？其中最具代表性的是"上帝存在的本体论证明"。该理论最初由中世纪哲学家安瑟尔谟[120]提出，随后被近代哲学家笛卡尔[121]采用，并遭到了康德[122]的批判。

简单来说，这一理论试图从上帝的"本质"推导出上帝的"存在"。例如，上帝通常被规定为"完美的"。那么，上帝是否包含"存在"？如果我们得出否定的结论，那么这就与"上帝是完美的"这一规定相矛盾。因此，我们必须得出"上帝存在"的结论。（证明结束）

当你看到这个证明时，是否同意呢？也许你会有一种被愚弄的感觉，却无法清楚地指出问题出在哪里。为此，让我们采用推理形式来表述。

上帝是完美的。
完美的事物包含"存在"。
所以上帝存在。

---

120 安瑟尔谟：参照 Basic 47。
121 勒内·笛卡尔：参照 Basic 12。
122 伊曼努尔·康德：参照 Basic 1。

对此，18世纪德国哲学家康德明确提出了异议。他在《纯粹理性批判》中批判了上帝存在的本体论证明，并称"'存在'不是实在的（real）谓语"。

这场讨论十分有名，但实际上，"real"一词的含义已与今日大不相同。因此，康德的观点并没有得到很好的理解。

如今，"real"被译为"实在的"，被视为与"现实的"有相同的含义。然而，在康德的用法中，"real"并不意味着实际存在。否则，"存在不是实在的谓语"这一表述就会变得毫无意义。在康德哲学中，"real"被用来表示内容或事件。也就是说，它被用来表明"是什么"这一（本质的）规定。例如，"上帝是爱"或"上帝是不动的存在"等。

然而，根据康德的理论，"存在"这一谓语并不能用来表明上帝是什么（如爱或不动的存在）。也就是说，我们无法像使用"上帝是爱"或"上帝是不动的存在"一样去使用"存在"一词。

"上帝是爱"或"上帝是不动的存在"表达的是上帝的本质，而"上帝存在"则表示上帝的现实存在，这是完全不同的概念。一般来说，我们无法从"本质"（是什么）推导出"实在"（实际存在）。如此一来，证明"上帝的存在"就变得非常困难。

…— 专栏 —…

目前我们使用的重要哲学概念在历史上并非总是以相同的含义出现，上文提到的"real"便是如此。我们经常使用的"subject"（主体）和"object"（客体）也需要注意——随着时代的变迁，它们甚至可能有了完全相反的含义。近年来，实在论（realism）成为一种潮流，这一概念的含义同样发生了很大的变化。因此，为了准确理解哲学中的概念，我们还需要关注其历史背景。

Basic (50)
不是上帝创造了人，而是人创造了上帝

基督教的教义中包含了创世说，因此在上帝与人的关系上，人们相信是上帝创造了人。然而，19世纪德国哲学家费尔巴哈[123]却提出了一个完全相反的观点，即"人创造了上帝"。

在《基督教的本质》（1841）一书中，费尔巴哈将人视为"自我意识"。也就是说，人所能认知的对象是自己的类本质（人的本质）。因此，**人在宗教中认为的上帝的本质，实际上是人类自身本质的投射**。所谓上帝的本质，就是人类自身理想化的本质。例如，人们可能会说"上帝是全知全能的"，这其实是人类自身的理想（"全知全能"）被投射的结果。

在解释人与上帝的关系时，费尔巴哈还引入了另一个观点**"异化"**。所谓"异化"是指自我异化。当人将自身的本质投射到上帝时，上帝会变得更加丰富和强大，而人则会变得更加贫瘠和渺小。

"上帝越主体化、越像人类，人就越异化自己的

---

123 路德维希·安德列斯·费尔巴哈：19世纪德国哲学家。他是黑格尔学派的一员，从批判黑格尔的角度出发倡导唯物论，提出了自己独特的"人类学"。费尔巴哈对马克思和恩格斯产生了深远的影响，但后来受到批判。

主体性和人性。"

这种异化关系形成于人与上帝之间。在宗教中，人类变得无力，微不足道，而上帝则变得全知全能，拥有无限的力量。尽管人类创造了上帝，却逆来顺受地服从于上帝，这是一个悖论，也正是费尔巴哈所揭示的基督教本质。

当然，人与上帝关系倒置的现象并不仅仅局限于基督教，许多宗教都认为上帝拥有超越人类的巨大力量。古希腊诸神、犹太教中的上帝、基督教中的上帝等，都被视为支配人类的存在，拥有超越人类的绝对力量。然而，创造它们的正是人类自己。

···— 专栏 —···

> 批判了基督教之后，费尔巴哈会走向何方呢？既然是人创造了上帝，那么接下来只能朝向人类了。费尔巴哈的目标是建立一种未经异化的"人类学"。他认为，人类是"类存在"，无法独立存在。因此人类应该追求"共同体"，既承认"我"和"你"的区别，也追求两者的统一，而其中的基础是"爱"。因此，费尔巴哈寻求的是以"爱"为基础的人类学。

Basic (51)
"宗教是人民的鸦片"

如果说是人创造了上帝，那么对人类来说，宗教不过是一种幻想罢了。如果人们从迷梦中醒来，宗教也将消失无踪。然而，即使在费尔巴哈揭示了基督教的本质之后，宗教的力量也并没有消退。这是为什么呢？

因为有许多人需要宗教这种幻想。在接受了费尔巴哈的观点后，马克思[124]曾这样说道："宗教的苦难既是现实苦难的表现，又是对这种苦难的抗议。宗教是被压迫生灵的叹息，是无情世界中的情感，是无精神状态下的精神。宗教是人民的鸦片。"

他接着说道："要求废除给人民带来幻想幸福的宗教，就是要求给人民现实的幸福。"这段话的关键并不在于"宗教是幻想，所以应该废除"。虽然常常被误解，但马克思并不主张"宗教是鸦片，因此应该停止使用（停止信仰）"。相反，**他认为不得不使用鸦片（信仰宗教）的现实状况才是问题所在。**

从中我们可以得知，马克思的基本思想是从宗

---

[124] 卡尔·马克思：19世纪德国哲学家、经济学家、革命家。他受到黑格尔的影响开始从事哲学研究，但随后与恩格斯一起通过批判黑格尔，形成了一种区别于资本主义的新社会理论。其主要著作《资本论》被视为经典之作。

教批判转向现实批判。因为**即使喊着要驱散宗教幻想，但只要需要这种幻想的可怜人仍然存在，就很难产生实际效果。**因此，首要的是必须改变现实中的悲惨状况。

人类所经历的悲惨状况是什么呢？马克思认为是经济和社会环境，这就要求我们通过社会变革来改变现状。然而，帕斯卡[125]则认为之所以存在悲惨，是因为人类注定会死去。实际上，人们往往在面临死亡时才寄望于宗教。然而不幸的是，在社会现实中，我们无法改变死亡这个结局。

因此，尽管社会革命也很困难，逃避死亡却更困难。如果信仰宗教的原因在此，那么仅仅通过社会变革仍然无法实现对宗教的批判。

---- 专栏 ----

现存的宗教可能会受到批判并消失，但之后又会出现新的宗教或类似宗教的事物。例如，宗教受到批判，社会变革被提出，但这并不意味着宗教本身会消失。社会革命之后宗教仍能顽强地生存下来，原因也在于此。

125　布莱士·帕斯卡：参照 Basic 9。

Basic 52
上帝已死

"上帝"一词不仅仅指宗教信仰的对象,还泛指人类信仰的事物。尼采[126]或许是这一用法的典型代表。例如,他在《查拉图斯特拉如是说》中这样说道:"从前亵渎上帝乃是最大的亵渎。现在上帝已死,因而这些亵渎上帝的人也不存在了。"

尼采笔下的"上帝已死"被称为"虚无主义"。"虚无"一词来自拉丁语"nihil",意为"什么也没有"(也就是英语中的nothing)。

"虚无主义意味着什么?意味着最高价值自行贬值。没有目的。没有对于目的的回答。"

尼采这位19世纪后期的哲学家深信,随着对基督教上帝的信仰逐渐消失,对"绝对价值"的信任也在逐渐消失。对于什么是对的、什么是好的、什么是美的等问题,现代人已经无法给出明确的答案。即使有答案,也已经无法提供决定性的标准。

这种态度被称为相对主义。它认为人们是否相信上帝这一宗教问题,与事物的真假、善恶、美丑判断相关。如果不再相信上帝,那么绝对标准就不存在了,只会产生意见的对立。

---

126 弗里德里希·尼采:参照Basic 9。

当然，对这一观点也存在着异议。因为即使相信上帝，只要每个人信仰的上帝不同，也会导致激烈的冲突。从历史上看，宗教之间的战争是最为严重而残忍的。如果全人类都信仰同一个上帝，情况也许会有所不同。但如果每个人信仰的上帝不同，冲突只会加剧。退一步说，即使信仰的上帝相同，也会有所谓异端的人存在，正统和异端之间的冲突并不容易解决。

无论是"上帝已死"，还是"上帝未死"，人与人之间的对立都不会消失。即使宗教意义上的上帝已死，也还会有其他意义上未死的上帝。

— 专栏 —

"上帝已死"成为20世纪的口号。随着绝对价值和标准的消失，各种意见和主张开始大量涌现。一方面，这起到了解放的作用，当世界上绝大部分殖民地解放后，曾经的西方中心主义思想开始失去其影响力，文化相对主义开始流行。人们更加自由，多样性得到积极推崇。然而，另一方面，在20世纪后半叶，对相对主义的批评也开始涌现。

Basic (53)
宗教可以用科学解释？

在21世纪的美国，"新无神论"受到越来越多的关注，其内容因倡导者的不同而不同。其中，演化生物学家理查德·道金斯[127]于2006年出版了《上帝的错觉》一书，书中道金斯这样谈道："宗教的事实依据——上帝存在的假设——是不能被证实的，可以确定上帝是不存在的。"

与道金斯同时期的哲学家丹尼尔·丹尼特[128]则出版了《打破魔咒：宗教作为一种自然现象》一书，为新无神论提供了新的论据。丹尼特的无神论并不认为"上帝不存在"，而是试图从科学的角度解释宗教现象。丹尼特认为，信仰上帝的宗教态度本身就是自然现象之一，可以用科学解释。

"即使上帝真的存在，并且是我们可爱的、理性而有意识的创造者，但宗教本身仍然是各种现象的复杂组合体，完全是自然现象。"

丹尼特采用的方法被称为自然主义，它不涉及宗

---

127 理查德·道金斯：20—21世纪英国演化生物学家、动物行为学家，目前仍在世。其于1976年出版的著作《自私的基因》畅销全球，使他一举成为时代人物。2006年，他出版了《上帝的错觉》一书，再次引起新无神论的争议。

128 丹尼尔·丹尼特：20—21世纪美国哲学家，目前仍在世。他提出以自然科学为基础的哲学理念，阐述了心理哲学和科学哲学。

教问题，即"上帝是否存在"，而是从自然科学的角度出发，解释信仰宗教的态度。因为"上帝是否存在"这一问题无法在科学上得到解答，但是人类信仰上帝的态度可以通过自然科学得到解释。那么，人类究竟为什么信仰上帝呢？

丹尼特认为，人类信仰上帝的根本原因在于人类具有"超灵敏主体性探测装置"（Hyperactive Agency Detection Device，HADD）。例如，草丛中传来"沙沙"的声音时，人们会认为"可能有什么东西"，略微提高警惕。尽管不知道草丛中是否真的隐藏着危险，但作为一种生存策略，假定存在危险更有助于生存。

这离假设"上帝"这一"行为主体"还有一定距离，但我们或许能够理解人类为什么会开始信仰宗教。

"我们过度敏感，只要有一丝风吹草动就开始寻找行为主体。这种过度警戒带来虚假的警告，但也成为孕育宗教之珠的关键刺激物。"

也就是说，人类借助HADD这一内在装置，逐渐发展出有利于人类生存的宗教。

── 专栏 ──

进入21世纪后,"新无神论"出现的主要原因在于美国有人高声呼吁:"上帝在基督教诞生几千年前的某个时刻创造了宇宙和生物,因此演化论和现代宇宙论都是错的。"

基于这种思想,一些人甚至反对在学校教授演化论和宇宙科学,并引发了一些诉讼案件。正因如此,我们才需要从科学的角度——尤其针对原教旨主义——证明宗教的错误。如果不了解这一背景,可能就无法理解为什么在21世纪初会提出新无神论的观点。

Basic 54

为了理解，必须相信

宗教的基本态度在于相信。无论上帝的存在是否经过科学论证，相信的决心都坚定不移。但"相信"究竟意味着什么呢？无论是否相信上帝，我们都需要先理解"相信"这一概念。

19—20世纪的哲学家维特根斯坦[129]直到去世前还在写题为《论确定性》的手稿，而"相信"成为他极其重要的主题之一。例如，他曾这样写道："在孩童时代，我们学习了许多事实，例如每个人都有大脑，一直以来我们相信着这些事实。我相信存在澳大利亚大陆，相信它的形状与众不同。我也相信我有祖父母，相信被称作父母的人真的是我父母。即使我从未用语言明确表达过这些信念，也从未思考过它们是否为事实。"

相信的对立概念则是怀疑。近代哲学家笛卡尔[130]**为了获得真理，提出了一种方法论的怀疑，即彻底怀疑一切**。他怀疑从他人那里学到的知识、从感官中获取的知识以及数学知识等等。但维特根斯坦认为，**怀疑之前需要先学习，而学习之前需要先相信**。也就是说，为了完成笛卡尔式的怀疑，必须先有相信。

---

129 路德维希·维特根斯坦：参照 Basic 5。
130 勒内·笛卡尔：参照 Basic 12。

"试图怀疑一切的人,可能永远无法到达怀疑的终点。怀疑的游戏本身已经以确定性为前提。"

"怀疑必须以信念为基础。"

实际上,我们基于确凿的论据和证据所能知道的内容十分有限,除此之外,还有十分广阔的领域是我们不加怀疑地相信的。虽然无须逐一列举,但相信已经构成我们生活的基础。正是在这样的基础上,我们才能够质疑、确认真相。

平时,我们不会特意怀疑自己相信的事物,但也有像笛卡尔那样一生中至少要去怀疑一次的哲学家。

然而即使如此,笛卡尔也并非做到了怀疑一切。因为在他怀疑的过程中,他使用的语言的意义是没有被怀疑的。

如此一来,我们可以认为,除非成为满口胡言的疯子,否则就无法怀疑一切。为了怀疑,必须先放弃所有已有的信仰和假设。因此,即使"相信"没有得到论证,我们也不应轻视"相信"的力量。

—— 专栏 ——

孩子们常常会问大人"为什么"。通常情况下大人都会耐心回答,但最终也许大人自己也无法给出恰当的答案,只能打断对话("不可以就是不可以!")。此时,我们需要想起维特根斯坦的这一观点。有许多我们相信的事情,我们并不能给出明晰的解释。"我们无法怀疑一切"也意味着"我们无法解释所有问题"。最终,我们只能说"就是这样"。

Basic 55
知识是被证成的真实信念?

关于相信（信念）和理解（知识）之间的关系，传统观念认为"知识是被证成的真实信念"。古希腊的柏拉图[131]和近代德国的康德[132]都认同这一点。它可以表述如下：

S知道P这一命题只在同时满足以下三个条件时为真：①S相信P为真；②P为真；③S有经确证的理由相信P为真。

例如，当说"太郎知道自己被A公司录用"时，意味着：①太郎相信这一点；②人事部打电话通知了他；③太郎确实被录用了。这个公式通常被称为"被证成的真实信念"（Justified True Belief，JTB）。这意味着只有那些得到了确证的信念才能被视为真正的知识。

柏拉图对知识的这一定义曾被学界广泛接纳，但美国现代哲学家盖梯尔[133]在1963年发表了一篇只有数页的论文《被证成的真实信念是知识吗？》，对这一理论提出了反驳。主要内容如下：史密斯和琼斯同时应聘一个工作岗位。史密斯听到该公司的总裁说

---

131 柏拉图：参照Basic 2。
132 伊曼努尔·康德：参照Basic 1。
133 埃德蒙·盖梯尔：20—21世纪美国哲学家。他于1963年发表了一篇仅有3页的论文，论文中提到的"盖梯尔悖论"引发了全球的广泛关注。

"琼斯会被录用"。此外,史密斯在10分钟前确认琼斯的口袋里有10枚硬币。让我们看看史密斯的想法:

(a)琼斯将被录用,并且琼斯的口袋里有10枚硬币。

史密斯基于理由(a)而相信(b)。

(b)被录用的人口袋里有10枚硬币。

然而,史密斯没有意识到,被录用的其实是他自己,而他的口袋里碰巧也有10枚硬币。

虽然有些复杂,但上述例子似乎符合JTB理论的条件。史密斯相信(b),且(b)为真,虽然史密斯对此并不知情。此外,由于从逻辑上来说,(a)可以推导出(b),可以认为史密斯有经确证的理由相信(b)为真。然而,我们并不能说史密斯知道(b),因为(b)为真只是偶然。因此,JTB理论存在悖论。

由于这一悖论,针对"信"和"知"的传统表述已经进行了各种改进,但争议仍在继续。问题似乎不仅存在于逻辑层面,可能是被视为"信仰"的宗教本身缺少了些什么。

一直以来,宗教被认为只是一种信念,并没有得到确证。如此一来,是否应该说宗教的信念不是真理?然而,宗教信仰者始终坚信他们的信念是真理。此时,不仅是知识,我们还需重新审视真理的含义。

Chapter 6
世界：世界充满谜团

哲学并不限定探究的领域，因为哲学最初的目的就是重新审视"一切"。而"一切"就是"世界"。因此，在哲学中，经常会提及"世界"这一概念。

然而需要注意的是，哲学家们使用的"世界"一词并不一定具有相同的含义。也就是说，我们首先要确认一点，"世界"这个词是多义的。

哲学家们虽然使用"世界"这一相同的词语，但他们所假定的"世界"是不同的。换句话说，哲学家根据他们构想的哲学，定义了"世界"。

因此，在思考"世界"时，我们不要试图寻找正确答案，而应该关注哲学家如何定义"世界"，这一点至关重要。

"世界"对应着拉丁语中的"cosmos"，意为"和谐有序的整体"。只要是一个和谐的整体，即使很小也可以被称为"世界"，只不过是相对于宏观世界（macrocosmos）的微观世界（microcosmos）。一般来说，微观世界通常指人类，而宏观世界指宇宙。

此外，另一个系统中的词"universe"也可以表示"宇宙"，它常与"cosmos"区分使用。而且，一些哲学家会将"cosmos"和"universe"进行对比，这一点也需要注意。

虽然对于何为"世界"，各种观点之间存在着差异，但从"有序整体"的角度来看，所有观点具备着共同的结构：**它们都存在构成整体的要素；每个要素都与其他要素相互关联，构成秩序；这些要素都存在于作为整体的世界之中。**

这样一来，"要素—秩序—整体"就成为理解"世界"的重要视角。本章将逐一介绍哲学家们的世界观，届时我们可以从这一视角出发，确认他们各自眼中的"世界"。

Basic 56
学院概念的哲学和世界概念的哲学

近代哲学家笛卡尔[134]曾构思并撰写了《论世界》，但因伽利略的受审和被判罪而放弃出版。笛卡尔当时所构思的世界论融合了地动说，是一种自然学的思想。由此可见，笛卡尔所想象的"世界"是指"宇宙"。

然而，在被视为其自传的《谈谈方法》中，笛卡尔谈到了另一个"世界"。相对于学校教育所教授的"书本知识"，他提出了"世界的书本"，这里的"世界"指人类社会，也就是"世间"。因此，"世间这本大书"可能是对它最恰当的翻译。

随后，康德[135]延续了这种"世间（世界）的学问"和"书本学问"的对比。他使用"世界知识"（Weltkenntnis）一词来描述**"不仅为了学业，同时也为了生活"**的知识。因此，"世界知识"也被翻译成"世间知识"，其中的"世界"指人类的世界，即"世间"。

"世界（世间）概念的哲学"则明确了"世界"的这一用法。康德在其主要著作《纯粹理性批判》

---

134 勒内·笛卡尔：参照 Basic 12。
135 伊曼努尔·康德：参照 Basic 1。

的"方法论"章节中,区分了"学院概念"和"世界概念",并这样说道:"哲学仅仅是一个学院概念,即仅仅作为一种学问而存在,它的目的无非是知识的系统统一性。但还有一种世界概念(conceptus cosmicus),它一直存在于哲学这一名称之下,尤其是当人们将其人格化,表现为哲学家的一种理想原型时。"

康德认为,理解哲学的学说不过是理解学院概念中的哲学。而哲学知识应当能够满足人们在现实世界中的实际需求。只有那些能将哲学知识应用于实际生活中的人,才能真正被称为"哲学家"。

在此,康德特意使用拉丁语"conceptus cosmicus"来表达"世界概念"。值得注意的是,cosmos与"世界公民"(cosmopolitan)紧密相关,cosmopolitan正是由cosmos和polites组成。在《论永久和平》中,康德强调了一点,即成为世界公民,需要具备"世界知识"或"世界概念的哲学"。

根据康德的观点,哲学的目标并不在于将其作为学院概念,即只停留于哲学理论的学习研究上。而应该通过学习"哲学思辨",并在世界中(世间)加以利用,从而成为世界公民。这就是康德描绘的"哲学家"的形象。因此,哲学家必须与哲学研究者区分开来。

> 学院概念的哲学—哲学学说的系统知识—哲学研究者（理想原型）
> 世界概念的哲学—作为世界知识的哲学—哲学家（理想原型）

如此一来，除非从事哲学研究的职业，否则应该追求的就是作为"世界知识"的哲学。而哲学能否应用于世界中（世间），将成为哲学的试金石。

Basic 57
作为意志和表象的世界

世界对人类来说有着怎样的意义?这一问题被德国哲学家叔本华[136]深究到了极限。他于1819年出版了《作为意志和表象的世界》,并在随后的哲学生涯中不断审视其中的内容,直至1844年出版了第2版和续集。对叔本华来说,《作为意志和表象的世界》是一切的一切。

然而,世界为什么是"表象"或"意志"呢?这两个概念来源于康德提出的"现象"与"物自体"的区分。作为相应的概念,叔本华提出了"表象"和"意志"。也就是说,现象=表象,物自体=意志。

从人类的认知方式来看,我们可以轻松理解"作为表象的世界"这一观点。因为对人类来说,表现为现象的就是"表象"。然而,叔本华还提出了"作为意志的世界"。这也是叔本华思想中最具代表性的观点,因为他将"意志"视为"物自体"。那么,"意志"究竟是什么呢?

---

136 阿图尔·叔本华:18—19世纪德国哲学家。他在《作为意志和表象的世界》一书中,倡导将人生视为苦难的厌世主义,对许多人产生了影响。

图21 康德和叔本华构想的"世界"

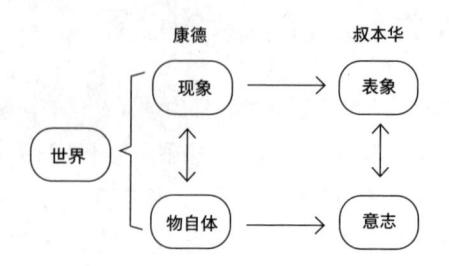

```
                  康德              叔本华
              ┌─ 现象  ──────→  表象
              │     ↕              ↕
     世界  ───┤
              │
              └─ 物自体 ─────→  意志
```

叔本华思想中的"意志"有一个显著的特点,即它不仅限于人类的意志,**同样也适用于动物的本能、植物的运动以及无机自然界的各种力量。盲目活动着的事物都可以被称为"意志"**。这是一个盲目而冲动的世界,也就是"意志的世界"。

此外,最重要的是,对叔本华而言,意志的世界就是苦难的世界。他说:"苦难源于生命,而生命又不过是意志的表象。"叔本华认为,在意志的世界中,欲望永无止境,人们不断受到厌倦和痛苦的折磨。因此,他曾这样说道:"我们的生存状态极其悲惨,因此,与其处于这种状态,不如完全不存在。"

关于意志的这种想法被称为"厌世主义"[137],后

---

137 厌世主义(Pessimism):又称悲观主义,是与乐观主义或乐天主义相对的概念。在现代哲学中,由叔本华提出。

来也有人称之为"反出生主义"[138]（不出生最好）。

因此，叔本华的最终目标是"否定意志"，同时也是"超越世界"。但问题在于这具体意味着什么。简单来说，"自杀"也许是最容易理解的方式，但是叔本华并没有选择这种方法。相反，他提倡解脱或证悟。但坦率地说，这并不一定是令人信服的结论。

—— 专栏 ——

叔本华在战前的日本学生群体中很受欢迎。当时，盂兰盆节的一首曲子《篠山节》被改编成学生之歌《笛康叔节》，歌词中的"笛康叔"指的就是笛卡尔、康德、叔本华。那时的青年们阅读《作为意志和表象的世界》，对生命的不可理解感到痛苦，甚至有人选择了自杀。自此，学习哲学便开始给人一种"令人痛苦，最终令人疯狂或自杀"的印象。

---

138 反出生主义（Anti-natalism）：2006年，大卫·贝纳塔出版《不如不来：出生在世的伤害》（*Better Never to Have Been: The Harm of Coming into Existence*）一书，作为宣扬反出生主义的书籍引起了广泛关注。但这种想法存在多种观点，且早在古代就已出现雏形。

Basic 58
人在世界之中存在？

20世纪，德国哲学家海德格尔[139]以令人印象深刻的方式将"世界"这一概念引入哲学中。他在1927年出版的《存在与时间》一书中，将人类（称为"此在"）定义为"在世界之中存在"，坚决地批判了传统观念。

确实，从常识角度来看，"在世界之中存在"这一定义似乎没有什么意义，因为人类存在于世界之中是理所当然的事情。那么，海德格尔这样规定的目的是什么呢？

与海德格尔的"世界"相对应的是笛卡尔[140]所谓的宇宙自然，笛卡尔的"世界"是自然科学中的宇宙。对此，海德格尔通过人类使用工具的场景来说明他所设想的"世界"。例如，人们使用锤子时，是基于它可以用来钉钉子的用途。而敲钉子是为了建造房屋。这样一来，每个行动都通过"为了……"这一因缘关联构成一个整体。海德格尔将这种因缘整体称作"意义性"，并认为这就是"世界"。

海德格尔用独特的语言表达了这种情境，以下是他的表述。如果感觉晦涩难懂，在理解时可以联想使

---

139 马丁·海德格尔：参照 Basic 10。
140 勒内·笛卡尔：参照 Basic 12。

用工具的场景。

"只要此在存在,它就总让存在者作为上到手头的东西来照面。存在者向之照面的何所向,就是此在在其中理解自身的何所在。而此在在其中理解自身的何所在,就是世界现象。"

海德格尔将笛卡尔所谓的自然科学世界(宇宙)中的存在方式称为"现成存在"(Vorhandensein,在手存在),而将以工具的意义性为基础所理解的存在方式称为"工具存在"(Zuhandensein,上手存在)。工具性的存在者是在其意义性的基础上被理解并使用的,而人就是这样一种存在者,其存在方式被称为"在世界之中存在"。

这种存在方式并不是将物理自然作为客观的事物来观察,而是与世界进行更亲密的互动,是一种理论之前的实践态度。在这种实践中得以形成对"世界"的整体理解。

因其独特的用语,海德格尔的思想可能有些难以理解。在海德格尔看来,**即使是同样的"世界",根据将其视为事物的总体还是有意义性的关联整体,将呈现出完全不同的面貌。**海德格尔基于工具性的使用,将个别事物及其关联的整体称为"世界"。

—— 专栏 ——

　　如果看了引用的文本，就会立即明白海德格尔的用语和文体在哲学界是多么不同寻常。因此，尽管海德格尔在年轻时就很出色并备受瞩目，但由于其思想难以被普遍理解，所以职业生涯并不顺利。然而，他的主要著作《存在与时间》一经出版，便迅速成为畅销书。此后，越来越多的人开始模仿海德格尔的文章，海德格尔式的奇怪文体也开始被视为哲学文章的典范。然而需要注意的是，海德格尔的文章只是个例。

Basic 59
世界是一切发生的事情

奥地利籍哲学家维特根斯坦[141]以非常简短的表达方式说明了"世界"的概念。他在《逻辑哲学论》的开头给出了关于"世界"的定义,而这一定义也成为思考"世界"这一概念时必须考虑的内容。

为了保证逻辑的严密性,《逻辑哲学论》一书对陈述进行了编号,而其中有关"世界"的规定处于最原理性的位置。维特根斯坦这样说道:

1.世界是一切发生的事情。

1.1世界是事实的总和,不是事物的总和。

1.11确定了这些事实,并确定了这就是所有事实,世界也就确定了。

1.12这是因为,事实的总和既决定什么存在,也决定什么不存在。

1.13逻辑空间中的事实就是世界。

1.2世界分解成事实。

这一表达清楚地呈现了"世界"是什么,但因为过于简洁,可能反而让人难以理解。例如,"发生的事情"(was der Fall ist)、"事实"(Tatsache)、"事物"(Dinge)等说法都很独特。维特根斯坦到底

---

141 路德维希·维特根斯坦:参照 Basic 5。

想要表达什么呢?

首先,"发生的事情"是指在现实中已经实际发生的事情。例如,我有兄弟姐妹,但也可能没有兄弟姐妹。在多种的可能性中,实际发生的只有一种。所有在现实中已经发生的事情的集合,就构成了"世界"。

接着,"事实"与"事物"作为对比概念出现。"事实"表示"事物是这样的"。例如,"猫"或"狗"是"事物",但"猫爬上树"或"狗叫"是"事实"。维特根斯坦认为世界不是事物的总和,而是事实("事物是这样的")的总和。

因此,**即使世界是整体,将一切"事物"集合起来也不会成为世界。**此处所说的"事实",从语言的角度来说,并不是一个单词,而是一个句子。**世界由以句子表达的事实构成。**

尽管看起来较为抽象,但维特根斯坦对"世界"的定义是思考世界时最为全面的表达。

—— 专栏 ——

　　维特根斯坦被认为是20世纪英语文化圈中分析哲学的奠基人。分析哲学通常被分为前期和后期,而维特根斯坦与两个时期的思想都紧密相关。从这一点来看,他可以被视为整个分析哲学史上的代表人物。前期分析哲学受到《逻辑哲学论》的影响,被称为"逻辑实证主义"[142]。之后,维特根斯坦本人改变了想法,开始发展后期思想。在其后期思想的影响下,分析哲学中涌现出日常语言学派。

---

142 逻辑实证主义:20世纪上半叶在维也纳兴起的哲学家团体(维也纳学派)的思想。他们认为只有逻辑学和数学等可以被证实的科学才是真正的知识。

Basic (60)
世界不存在？

21世纪，德国哲学家马尔库斯·加布里尔[143]再次引起人们对"世界"一词的关注。他在2013年出版了《为什么世界不存在》一书。该书一经出版便成了哲学领域的罕见畅销书，加布里尔一举成为明星哲学家。

然而，仅从标题来看，很难想象出这本书的意图。为什么说"世界不存在"？此时的"世界"究竟是指什么呢？

首先，加布里尔遵循了维特根斯坦提出的"世界是事实的总和"这一规定。从中可以得知，世界是最大的领域。例如，如果将"世界"和"宇宙"比较，按照通常的想象，似乎"宇宙"比"世界"更广阔（"宇宙中存在着世界"）。然而，从上述定义来看，"宇宙中的所有事件"只是"事实的总和"的一部分，反而是"宇宙存在于世界之中"。

值得注意的是，加布里尔在探讨"存在"问题时引入了"意义场"这一概念。具体表述为以下命题：

---

143 马尔库斯·加布里尔：20—21世纪德国哲学家，目前仍在世，作为年轻哲学家在全球范围内备受瞩目。他在2013年出版的《为什么世界不存在》一书成为哲学领域的畅销书。他在日本媒体中也常常露面，被誉为"哲学界的摇滚明星"。

"在X的意义场中，A存在。"

例如，独角兽存在于神话的意义场中，但不存在于自然科学的意义场中。再如，我做过的梦存在于记忆的意义场中，但不存在于当前感知的意义场中。

因此，任何事物都不是无条件地存在，而是存在于"X意义场"中。因此，我们可以通过这种方式重新思考世界是否存在，即"世界是否存在于X意义场中"。

此时，X将比世界更大，这是因为"世界在X意义场中存在"。然而，从"世界"的定义来看，这是不可能的。因为"世界"是最大的领域，无法构想出一个包含世界的"X"。因此可以得出结论——"世界"不存在。

你可能已经注意到，这种论证方法类似于"上帝存在的本体论证明"，即从上帝的定义出发推导上帝的存在。加布里尔则是从"世界"的定义出发，推导出世界的不存在。

通过这样的逻辑论证，加布里尔试图表达什么呢？他的基本观点是**批评现代自然主义倾向。这种倾向认为自然科学的"宇宙"比"世界"更为广阔，将存在的事物仅视为物理事物及其过程。**例如，心理活动最终被还原为大脑及其过程，认为只要理解大脑就能理解心理活动。然而，加布里尔认为除了自然科学中的宇宙，还存在着心灵所固有的种种。为了支持这一观点,他提出了以下看似奇怪的言论,从中我们也许能够理解加布里尔的意图。

"植物、梦境、冲水声、独角兽等等,甚至抽象概念如演化,都是存在的。唯独世界不存在。"

Basic (61)
对生物而言,世界存在吗?

客观来说,动物和人类在同一个"世界"中生存。那么,动物和人类是否在同样的"世界"中"生活"呢?也就是说,二者是否看到了同样的"世界"?

20世纪初,生物学家雅各布·冯·尤科斯考尔[144]提出了"环世界"(Umwelt)的概念,表明了生物和人类从看到的世界到生存的世界皆不相同的观点。这一思想对哲学产生了重要影响,现代哲学已将其视为基本认识之一。

不过,由于生物的种类各不相同,因此不能一概而论。"每种生物都有各自特有的世界"可能是更合适的说法。例如,尤科斯考尔就曾这样谈论"海洋动物":"如果认为所有海洋动物都生活在共同均一的世界中,那是因为观察者的视线只停留在表面而已。更详细的研究表明了一个基本事实:这些生命形式展现出的巨大差异源于它们各自特有的'环境'(环世界),这种'环境'(环世界)与动物的身体构造之间存在着相互作用、相互决定的关系。"

---

144 雅各布·冯·尤科斯考尔:19—20世纪德国生物学家。他认为每种动物都有一个特定的环境世界,并称之为"环世界"。这一观点对海德格尔的《存在与时间》也产生了影响。

从这段话中我们可以得知，不同物种的动物有着各自不同的"世界"。为了证实这一点，人们经常提到一种名为"扁虱"的螨虫。

根据尤科斯考尔的观点，扁虱没有视觉和听觉，但嗅觉、触觉和温度感知能力都非常出色。因此，扁虱会在树上等待猎物的靠近，并在恒温哺乳动物经过时掉落，附着在散发酪酸气味的物体表面上。然后，它们摸索着找到裸露的皮肤，吸取鲜血。

对扁虱来说，世界不是通过看或听来感知的，而是由温度、气味和触感构成的。也就是说，扁虱有自己的世界，与其他动物的世界不同。

将这种观点推广到人类，我们可以认为：并不是所有生物之间都有共同的世界，根据生物的不同物种，世界也被划分成不同的"世界"。例如，人类和宠物狗也是如此，人类和狗生活在完全不同的"世界"中。

此时的问题在于，人类的"世界"是与其他动物的"世界"并列存在的另一个世界吗？此外，为什么人类能想象其他动物的各种"世界"呢？人类拥有自己独特的世界，但同时也可以想象其他生物的世界，这又关乎另一个重大问题。

— 专栏 —

尽管尤科斯考尔是生物学家,但他对20世纪哲学产生了重大影响。例如,海德格尔在《存在与时间》中阐述"世界"时,就使用了尤科斯考尔的"环世界"概念。然而,海德格尔笔下的环世界并不是指生物固有的世界,而是指人与工具性存在者密切相关的世界。就像动物居住在自己的"环世界"中一样,人类也居住于工具性的环世界中。

Basic 62
语言和文化不同，世界也就不同？

如果说人类和动物生活在各自不同的世界中，那么是否可以说人类都生活在同一个"世界"中呢？然而，即使是人类，由于生活地域和社会环境的不同，使用的语言和文化也会有很大的差异。如果动物根据其物种不同而形成了不同的"环世界"，那么人类也可能根据语言和文化的不同而形成了不同的"世界"。

在考虑语言和文化对人类的意义时，进化论式的理解方式曾经盛行一时。例如，与西方文化相比，非洲和亚洲等地区的文化被认为是低级的，是逐步发展的其中一个阶段。

然而，这种渐进式进化论属于殖民主义的残留，现在已经不被采用，取而代之的则是文化相对主义，尽管这种思想在20世纪后半叶最为流行，但其影响持续至今。

文化不同，语言和思考方式也就不同，相信绝大多数人都会同意这是生活在完全不同的世界导致的。这一观点得到了"萨丕尔—沃尔夫假说"的支持。该假说最初由文化相对主义的提倡者弗朗兹·博厄斯的学生爱德华·萨丕尔[145]提出基本框架，然后由萨丕尔的弟子本杰明·沃尔夫[146]进一步阐明。通常也被称为语言相对论[147]。

"语言是指引人们认识'社会现实'的工具……'现实世界'在很大程度上是无意识地形成于语言群体的习惯之上的。两种语言无法完全相同地表现同一社会现实。因为居住的社会集团不同，世界也就变成了不同的世界，它们并不仅仅是用不同标志标注的相同世界。"

无论文化还是语言，都确实对人类的认知和理解产生着影响。但究竟能造成多大程度的差异，以什么样的机制运行，目前仍然没有得到充分的解释。因此，萨丕尔—沃尔夫假说仍然是一种"假说"，尚未得到证实。

当然，相对主义的世界观在某些实例中得到了证明，但我们仍需进一步探讨这种差异是否足以说明人类生活在不同的"世界"之中。

---

145 爱德华·萨丕尔：19—20世纪美国人类学家、语言学家。他师从人类学家弗朗兹·博厄斯，并与他的学生本杰明·沃尔夫一同提出了"萨丕尔—沃尔夫假说"。
146 本杰明·沃尔夫：19—20世纪美国语言学家。他师从萨丕尔，学习语言学，并与萨丕尔一同提出了"萨丕尔—沃尔夫假说"。
147 语言相对论：一种关于语言差异如何影响人类认知的观点，基于"萨丕尔—沃尔夫假说"而提出。

Basic 63
无数个可能的世界

我们在提到"世界"时,并不一定是指存在于现实中的世界。尽管历史上通常不允许假设,但我们仍然可以思考这个问题:如果在第二次世界大战中纳粹德国获得了胜利,世界会变成什么样子?此时我们想象的世界恐怕和现实的世界大有不同。

这种假设关乎"可能世界理论"。早在18世纪,莱布尼茨[148]就曾在其著作《神义论》中提出该理论。从书名便可看出,这一理论假设了上帝的存在。莱布尼茨认为,对上帝来说,除了现实世界之外还存在着其他不同的世界,但上帝在其中选择了最好的一种作为现实世界。对此,他这样说道:"我所说的'世界',是指实际存在的所有事物的过程和集合,这是为了避免声称有多个世界可以在不同的时间和地点实际存在,因为如此一来就必须将多个世界全部合并成一个世界或一个宇宙。即使所有的时间和地点都被填满,也应该存在着无数种填满的方式,而'存在着无数个可能的世界'这一点始终是正确的。"

根据莱布尼茨的观点,**可能世界是指其中的一切不会互相矛盾的世界**。我们可以想象无数个这样的可

---
148 戈特弗里德·莱布尼茨:参照 Basic 7。

能世界，从这无数个可能性中，神选择了最好的一个作为现实世界。因此，现实世界被认为是最好的世界。

可能世界理论与"**可能性**""**偶然性**"和"**必然性**"等模态概念[149]有关。但使用模态概念考虑命题的真假会引发各种问题。例如，"纳粹德国在第二次世界大战中失败了"这一命题在现实世界中为真，但我们同时也可以想象纳粹德国获胜的可能世界。如此一来，该命题的真实性便是一种偶然，不具有在任何可能的世界中都成立的必然性。那么，创造现实世界的上帝是否创造了偶然的真理呢？

如何定位可能世界和现实世界之间的关系，是20世纪后期哲学家们热议的话题。18世纪初莱布尼茨的论述正以全新的形式引发着广泛讨论。

---

149 模态概念：描述事物存在和发生方式的概念。例如，"必然发生"或"可能发生"等表达通常被称为模态概念。传统的模态概念包括存在模态（全称"所有"和特称"某个"）和时间模态（过去、现在、未来）。

── 专栏 ──

模态概念是描述事物发生方式的概念,自亚里士多德的逻辑学以来,这一概念一直备受关注。例如,时间模态包括过去、现在和未来,存在模态则包括全称(所有)和特称(某个)。此外,还有规范模态和认识模态等。在这其中,尤以真理模态(必然的、可能的)最为重要,在传统上也已被阐明。可能世界理论与真理模态相结合,便构成了新的问题。例如,说"纳粹德国的失败是必然的",意味着在任何可能的世界中这一命题都为真。相反,说"某事是可能的",意味着可以假设或不假设这样的可能世界,于是就成为偶然。

Basic 64
如何构造世界？

"世界"通常被视为人类共通的、独一无二的客观存在。

然而，美国哲学家纳尔逊·古德曼[150]却认为人类**通过构造"样式"来"构造世界"**。这里的样式指的是符号系统，因此也可以说世界由符号系统构造而来。

这一观点带来的结论是世界的多样性，因为存在着各种各样的符号系统。例如，用物理学符号系统描绘的世界与夏目漱石的作品《心》中描绘的世界完全不同。亚马逊原住民和因纽特人因为使用的语言不同，而构造出完全不同的世界。

"关于存在众多不同世界（样式）这一事实，几乎没有争议的余地。……众多不同的世界（样式）具有独立的意义和重要性，无须要求或假设其能够还原为唯一的基础。"

这里否定的是物理唯物主义的观点，即"物理学是卓越的、包罗万象的系统"。这种观点认为不同的样式各自都正确，并不被还原为唯一的实体。

确实，夏目漱石的世界和物理学的世界是相互独

---

150 纳尔逊·古德曼：20世纪美国哲学家，对逻辑学和美学等领域产生了广泛影响。他在1978年出版的《构造世界的多种方式》一书中提出了一种建构主义观点，引发了激烈的争议。

立的，它们不能互相还原或吸收。在这种意义上，存在多个世界并不意味着存在"无数个可能世界"，而是存在对现实世界的多种描述。这种观点通常被称为"建构主义"，它认为**世界并非存在，而是建构而成。**

那么，如果构造出多个世界，我们如何确定哪个世界是正确的呢？需要明确的是，与符号系统不同，这种观点并不直接涉及关于"世界"本身的设想，因此我们无法将不同的样式与"世界"相对应。因此，古德曼的建构主义被认为导致了"根本性的相对主义"。他认为存在着多种世界及样式，而且无法对它们进行优劣的评判。

20世纪后半叶，文化相对主义成为全球范围内的流行趋势，古德曼的世界构造理论可以说是对其进行了哲学上的合理化解释。

—— 专栏 ——

古德曼的世界构造理论在21世纪受到年轻哲学家如马尔库斯·加布里尔[151]和保罗·博格西昂[152]的批评。博格西昂将古德曼视为现代建构主义的起源。

---

151 马尔库斯·加布里尔：参照 Basic 60。
152 保罗·博格西昂：20—21世纪美国哲学家，目前仍在世。在2006年出版的《对知识的恐惧》一书中，他批判建构主义，捍卫了客观真理。

Chapter 7
自然：如何理解自然？

正如"自然科学"一词所示，"自然"通常被视为科学研究的对象。一直以来，我们都将自然视为科学的领域，认为科学的目标就是解释自然。然而，**与其说自然是科学的研究对象，不如说自然是人类生活的基础**。就像鱼在水中生存一样，人类也在自然中活动。

那么，对人类来说，"自然"究竟有着怎样的意义呢？在本章中，我将逐一列举哲学领域对"自然"的理解。

首先，"自然"一词的起源可以追溯至希腊语中的"φύσις"（physis）。该词源于动词"φύειν"（phyein），其主动形式的意思是"产生"或"使……生长"，而被动形式的意思是"出生"、"生长"或"成为"等。

因此，名词形式的"physis"指的是"诞生""成长"，同时也指"天性"或者"天生的本性"，由此也衍生出了"自然本性"的含义。

关键在于，自然与人为相对立。例如，柏拉图在对话篇《克拉提洛斯》中，提出言辞是"physis"（自然本性）还是"nomos"（人为）的问题，并对其展开了讨论。

自然与人为的对立和中国的"无为自然"思想及佛教传统均有所重叠。然而，在基督教中，自然被视为上帝创造的事物，被表述为"被造物"（creatura）。在中世纪，"natura"一词几乎主要用于表示"本性"。

近代之后，"自然"一词的意义发生了重大变化。在中世纪之前，人们通常以生物为模型来理解自然，但在近代，人们开始以机械论的观点来看待自然，不再将其与生命类比。"自然"也随之被认为是完全物质的存在，并可以通过数学来解释与说明。

在现代，随着技术的发展，古希腊时代开始出现的"自然"和"人为"的对立关系也许会消失无踪。

B a s i c (65)
自然哲学与自然科学有何不同？

在现代，自然通常被认为是科学研究的对象。然而事实上，自然科学的发展十分迅速，似乎没有太多哲学可以介入的余地。那么，自然科学是从何时开始的呢？

伽利略、牛顿等人的研究被称为近代科学革命，因此一般认为自然科学始于16世纪中叶左右。如此一来，你也许会对牛顿[153]的主要著作是《自然哲学的数学原理》感到惊讶。

该书出版于1687年，所以在使用"自然科学"一词时尤其需要注意，因为牛顿将自己的研究称为"自然哲学"。如今被称为"科学"的science（英）、Wissenschaft（德），其词源可以追溯至拉丁语的scientia，来源于动词scio（知道），**表示知识、理论和学问**。因此，不管是英语中的"science"还是德语中的"Wissenschaft"，在近代早期都用来表示"知识"和"学问"。

直到19世纪中叶，各学科开始分化和独立发展，英语中的"science"一词才开始以"科学"的含义

---

[153] 艾萨克·牛顿：17—18世纪英国物理学家、数学家。他发现了万有引力定律，奠定了现代科学的基础。他的著作《自然哲学的数学原理》被视为自然哲学的代表作。

被广泛使用。德语中的"Wissenschaft"则更晚。即使在现代,如果要用德语来表达"科学"的意思,仍然有人选择使用英语中的"science"一词。因此,"自然科学"一词的诞生时间并不久远,距今不到200年。**目前被视为自然科学的领域,在过去实际上是纯粹的哲学研究。**

这样一来,我们也可以理解为什么"博士"一词在英语中被缩写为"Ph.D."了。"Ph.D."是英语"Doctor of Philosophy"(在拉丁语中为Philosophiae Doctor)的缩写形式,直译就是"哲学博士"。但毋庸置疑,它并不仅限于目前我们所认为的"哲学"领域,而是包含了各种学科。例如,"工学博士"在英语中被表述为"Ph.D. in Engineering",意味着"工程领域的哲学博士"。

从这个角度来看,"自然哲学"还是"自然科学"的问题无法与"自然""科学"这些词的历史演变问题分离开来。因此,我们必须认识到,"牛顿的自然科学与自然哲学有何不同"这一问题本身就存在着问题。

从16世纪开始以"自然哲学"为名开展研究的领域,在19世纪被重新定义为"自然科学"。我们有必要深入了解和确认这一历史性的转变。

…— 专栏 —…

虽然我们说"自然哲学"后来被重新定义为"自然科学",但并不意味着所有的"自然哲学"都变成了"自然科学"。如今被称为"自然哲学"的领域探讨的问题包括"自然是什么""自然对人类意味着什么""我们应该如何对待自然"等等。自然并非仅仅通过科学探索被理解,科学探索只是探究自然的方法之一而已。

Basic 66
自然喜欢隐藏

"自然"一词源于拉丁语的natura，在现代英语中被译为nature。而进一步追溯至希腊语，其词源则为"弗西斯"（physis）。关于希腊语"弗西斯"的含义，海德格尔这样解释道："这是一种出自自身的开放（比如一朵玫瑰花的开放），自身打开着的展现，以及那在此展开中显现自身并保持在那里、经受住它的状态。"

在海德格尔的眼中，弗西斯是**自然而然的显现**。而希腊时代的自然哲学家赫拉克利特[154]则说："**自然喜欢隐藏**。"作为一种显现出来的存在，弗西斯为什么喜欢隐藏呢？赫拉克利特认为，显现出来的事物呈现于与其完全相反的对立面。例如，他说"生与死、醒与眠、青春与衰老实际上是相同的""海既是最清澈的水，也是最浑浊的水"。而我们需要理解支配这些对立的原则，也就是所谓的"一"。赫拉克利特将其表述为"喜欢隐藏"。

弗西斯隐藏的秩序被称作"逻各斯"（Logos）。逻各斯具有二重意义，一方面表示比例、秩序和法

---

[154] 赫拉克利特：公元前6—前5世纪古希腊哲学家。他将万物的根源（arche）视为"永恒燃烧的火"，认为一切都是不断生成和消逝的（"万物流转"）。

则，另一方面也表示"语言"。因此，我们也可以说存在着自然的逻各斯和人类的逻各斯。让我们引用下面这两种说法。①自然的逻各斯：人们总是无法完全理解逻各斯。无论是在听到之前，还是在最初听到之时。尽管万物都是根据逻各斯生成，但人们却像是对此全无经验。②人类的逻各斯：无论如何深入灵魂追寻，都无法找到它的尽头。无论走上何种道路，人类的灵魂都拥有如此深刻的"逻各斯"。

从这一角度来看，我们也许能够理解弗西斯和逻各斯之间的关系。弗西斯代表着"自然自发地呈现"，在其现象中存在着对立和矛盾。在这些对立之中，我们需要抓住隐藏的秩序（逻各斯）。当然，逻各斯并不会轻易被发现，它总是隐藏着，但探索它的过程便是哲学的意义所在。

···— 专栏 —···

在苏格拉底之前的哲学家中，赫拉克利特是直至今日仍备受欢迎的哲学家之一。尽管他留下的印记很少，却有许多短小精悍、如谜一般的句子。其中，最常被引用的莫过于"万物流变"，它已经成为俗语。然而，他的文章"极其晦涩难解"，这一点自亚里士多德的时代开始便广为人知。阅读他的文章就像解谜题一般，不得不投入其中。然而，这种难解性也许正是其受欢迎的原因之一。因为只读一次就能理解，也就没有人会反复阅读了。

Basic 67
顺应自然而活

斯多葛学派创始人芝诺[155]提出了"顺应自然而活"。斯多葛学派从希腊时代一直延续至罗马时代,其教义的核心正是芝诺的这一教诲。因此,这一教诲也成为斯多葛学派尤为著名的教义之一。

芝诺在《论人的本性》一书中首次提出,人生的目的在于与自然一致和谐地生活。而这正是指"遵循德行而生活",因为自然会指引我们走向德行。

在斯多葛学派中,哲学被分为**自然学、逻辑学和伦理学**三个部分,三者统一为一个整体。**自然中的理性秩序和逻辑学中的逻各斯与人类生活中的德行相一致**。"顺应自然而活"正是表达了这种态度。

需要注意的是,斯多葛学派的"顺应自然而活"意味着要遵循"理性"(逻各斯),并不是在情感上与自然亲近。相反,它要求摒弃一切情感,以禁欲的方式生活。斯多葛学派的理想"不动心"(apatheia)便是这种态度的表达,它意味着排除(希腊语前缀a-)一切情感(pathos)。

从芝诺的故事可以看出,"顺应自然而活"与"被自然治愈"的含义相去甚远。它显然并不是指随

---

155 芝诺:古希腊哲学家,斯多葛学派创始人。他将道德视为唯一的善,并将"顺应自然而活"作为理想。

心所欲地生活或被自然治愈，而是要求我们摒弃个人的情感，顺从宇宙的理性秩序，可见是一种非常严苛的生活方式。

···— 专栏 —···

> 伊壁鸠鲁学派被视为斯多葛学派的竞争对手，其创始人为伊壁鸠鲁（公元前341—前270年）。伊壁鸠鲁学派的座右铭是"宁静"（ataraxia），这一概念常常与斯多葛学派的"不动心"（apatheia）相混淆。伊壁鸠鲁学派的"宁静"意味着摆脱内心的激动，达到平静的状态。然而，无论是"不动心"还是"宁静"，都追求从激烈的情感中解放出来，获得心灵的平静，因此有时会被理解为相似的概念。

Basic 68
自然这本书由数学写成

伽利略曾表达过这样一个著名观点：在近代，人们开始通过数学更好地理解自然。伽利略这样写道："自然这本书由数学的语言写成。如果没有数学的帮助，人类连自然这本书里的一个字都无法理解。"不过切地说，伽利略所谓的"自然"其实是指"宇宙"。

不仅仅是伽利略，笛卡尔等人也曾将"自然"与"数学"结合起来探讨。笛卡尔[156]这样说道："我将自然科学的原理限定为几何学和抽象数学的原理，不承认也不需要其他原理。因为这样就能解释一切自然现象，给出确凿的论证。"

这种通过数学来理解自然的方式，海德格尔称之为"自然的数学筹划"。虽然现在看来并不是多么不可思议的事情，但在当时，提出用数学来理解自然具有划时代的意义。也就是说，现代科学已经事先作出了"通过数学来理解自然"这一根本性的决定。相反，无法通过数学理解的事物也就不会引起自然的兴趣。

在中世纪以前，人们将自然比作一种生物，目的

---

156 勒内·笛卡尔：参照 Basic 12。

论的自然观占据主导地位。而在近代的自然观中，所有物质都被视为机械的组成零件，自然被看作像机械装置一样在运动，这种自然观通常被称为机械论自然观。

这种态度在看待生物时也同样适用。例如，笛卡尔就曾将人体作为机械的典型例子加以引用："如果我将人的身体……看作一种机械……"人由心灵和身体组成，而笛卡尔以机械论的方式理解身体。

自近代以来，通过数学的视角来理解外在自然和人体的方式逐渐兴起，并一直延续至今。这一观点在自然科学领域孕育了丰富的研究成果，然而也使对自然本身的破坏成为可能。当我们思考科学和哲学未来的发展方向时，迫切需要重新审视近代对自然的理解。

图22 笛卡尔理解的人

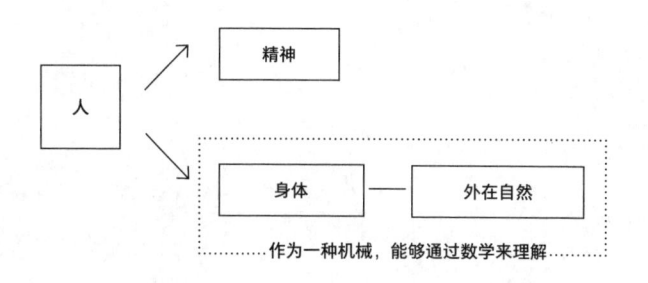

人 → 精神

人 → 身体 — 外在自然

……作为一种机械，能够通过数学来理解……

···— 专栏 —···

迄今为止,自然一直被视为支撑人类生活的基础,独立于人类而存在。然而,近来环境问题日益严重,自然的本质开始被重新审视。在这一背景下,出现了一个全新的概念,即"人类世"(Anthropocene)。这一概念作为取代"全新世"的地质学概念被提出,警示人类对自然产生了决定性的影响,甚至造成了破坏。诺贝尔化学奖得主保罗·克鲁岑是这一观点的代表性人物。然而,虽然这是一个科学概念,但是其合理性目前仍存在着争议。

Basic 69
将自然理解为上帝

在笛卡尔之后,斯宾诺莎[157]继承和改造了笛卡尔哲学的概念,形成了完全不同的理论体系。关于自然的思考也是其中之一。

笛卡尔将传统概念中的"实体"分为无限实体和有限实体。所谓"实体"是指其存在不需要依赖其他事物(具有自主存在性),而最符合这一概念的就是无限实体,即"上帝"。然而,笛卡尔认为由上帝创造的精神和物质即使有限,也是"实体"。笛卡尔的机械论自然观认为自然是由物质构成的。

那么,斯宾诺莎是如何定位精神和物质的呢?他认为这两者是唯一的无限实体——上帝——的属性。精神和物质并非独立存在的实体,而是上帝的属性。

这种转变不仅仅是名词上的差异,更带来了完全不同的自然观。相比于笛卡尔将上帝、精神和物质分别定义为独立的"实体",斯宾诺莎不再将上帝与自然、精神及物质分离开来。上帝既是精神又是物质。这一思想又被表述为"上帝即自然"(Deus sive Natura)。

---

157 巴鲁赫·斯宾诺莎:17世纪荷兰哲学家。他本是犹太人,后被犹太教会驱逐出境。斯宾诺莎受到笛卡尔的影响,认为上帝是唯一的实体,提倡一元论。

斯宾诺莎将自然与上帝等同起来，同时又提出了两个自然概念来描述这一观点，分别是"能生的自然"和"被生的自然"。两者有何不同呢？

"在此，我想解释一下如何理解'能生的自然'和'被生的自然'。……我们应将能生的自然视为一种存在于自身之中且通过自身而被理解的事物，或者说是表达了永恒、无限本质的实体的各种属性，即被视为自由原因的上帝。"

"反之，'被生的自然'是指出于上帝的本性的必然性……而产生的一切事物，换句话说，存在于上帝之内，依赖上帝而存在。它是上帝的属性的全部样态。"

简言之，**能生的自然 = 上帝，被生的自然 = 自然（被造物）**。在这里，斯宾诺莎利用"自然"一词的多义性，将造物主和被创造的自然视为统一体。

如果像斯宾诺莎一样将上帝和自然视为统一体，那么自然就不再是像笛卡尔认为的那般机械论式的事物，而是具有内在力量的精神性的存在。这种观点在后来的浪漫主义哲学中得到了延续——谢林将自然视为具有精神性的存在。

…— 专栏 —…

斯宾诺莎的主要著作为《伦理学》,但其内容从表面上看与书名并不相符。它更像是一本几何学的书,阐述了公理和定理,并以数学的方式展开论述。斯宾诺莎认为这才是严谨的研究方法,但常常因此令初学者敬而远之。然而,忽略论述的方式,书中还是呈现了许多引人入胜的内容。例如,斯宾诺莎将"善"和"恶"解释为能够增强或减弱自身力量的事物。也就是说,于我而言的"善"是能增强我力量的事物,而于我而言的"恶"则是减弱我力量的事物。这一思想在现代仍有很大的适用性。

Basic 70
虚构的自然

"自然"这一概念在近代社会契约思想中扮演着重要角色。社会契约思想首先设想了"自然状态",接着讨论了"自然法"和"自然权利",然后主张通过社会契约形成国家。

社会契约思想是由英国的霍布斯、洛克和法国的卢梭[158]等人提出和发展的一种思想。尽管从严格意义上来看,不同的思想家主张的内容有所差异,但他们都主张从"自然状态"出发,通过社会契约来组织政治社会。

需要注意的是,这里的"自然状态"被假定为一种虚构的状态。例如,卢梭曾这样写道:"让我们假设人类已经到达一个临界点——自然状态中不利于人类生存的种种障碍,在阻力上已经超过了个体在那种状态下为了生存所能运用的力量。此时,那种原始状态便无法继续维持。人类如果不改变其生存方式,就会灭亡。"

由此提出的思想便是"社会契约"。卢梭这样阐

---

158 让-雅克·卢梭:18世纪法国哲学家。其著作《社会契约论》于1762年出版,使他成为社会契约思想的代表人物。他的思想还涉及教育论和科学艺术论,此外他也撰写小说。他多才多面,其思想很难以统一的方式理解。

述道:"设计一种人类的集合体,用集体力量来保障每一个加盟的个体及其财产。在这一集体中,个体虽然和整体联系在一起,但依然自由如初,只听从自己的意志。"

卢梭认为,通过社会契约所建立的社会组织形式由"普遍意志"指导。通过放弃个人的特殊意志,服从普遍意志,才能获得自由。但关于普遍意志为什么能使个人获得自由,他并没有明确阐释。

一直以来,人们常常批判普遍意志压抑了放弃特殊意志的个体,给人以独裁的印象。虽然社会契约的目的是确保个人的自由,但结果似乎正好相反。或许根本原因便在于"自然状态"这一起点。根据英国哲学家休谟[159]的观点,社会契约论所设想的"自然状态"在历史上并不存在。也就是说,**社会契约理论所设定的最初的"自然状态"只是虚构的。**我们是否能够基于这一虚构起点来讨论现实政治社会的形成,这一点值得重新探讨。

---

159 大卫·休谟:18世纪英国哲学家,继洛克和贝克莱之后英国经验论的代表哲学家,以将康德从"独断论的睡梦"中唤醒而闻名。休谟对因果关系的客观性进行了批判,提倡怀疑主义。

Basic (71)
将人类环境视为风土，而非自然

在考虑环境对人类的影响时，我们是否可以将其视为自然现象？即设想一个物理自然，将人类视为生物学和生理学意义上的存在。然而，对人类来说，环境问题实则以更直接的方式出现在人们的日常生活中。比起客观的"自然"，人们感受到更多的是身边的"风土"。

从这一角度出发，日本哲学家和辻哲郎[160]在其著作《风土》中描绘了日本文化特有的风土。和辻哲郎将"风土"定义为"某个地区的气候、气象、地质、土壤、地形、景观等的总称"。每种文化都有其独特的风土感受，与自然现象区别开来。

和辻之所以提出"风土"理论，是因为他意识到，**由于居住的地域和文化不同，环境会对人类产生不同的影响，使其在感受方式、思考方式和行为方式上表现出差异**。和辻在留学欧洲后，似乎深刻意识到了日本和西方的差异。他以这种经验为基础，提出了独特的风土理论。那么具体来说，如何区分不同的风土呢？

---

160 和辻哲郎：参照 Basic 15。

和辻提出了三种类型：①季风型；②沙漠型；③牧场型。从这些分类可以看出，和辻试图揭示亚洲文化圈、伊斯兰文化圈和西方文化圈之间的风土差异。而在这些分类中，和辻特别关注日本（季风型）的风土特性。那么，日本人的特质是基于怎样的风土特性呢？

"人的存在具有历史性和风土性的特殊构造。由于风土的有限性，这种特殊性通过风土的类型得以显著展示。……我将季风区人类的存在方式称为'季风型'。日本国民在其特殊的存在方式上确实表现出了季风型的特点。也就是说，具有顺从和忍耐的特质。"

除了顺从和忍耐的特质，日本人还具有"台风的性格"，即表现出季节性和突发性的特点。确实，尽管日本人看起来忍耐，但有时也会突然爆发，不能简单地归类为单一的"季风型"。

这样来看，和辻的"风土"理论似乎可以被视为日本文化论或日本人论的雏形。且不论有多少准确性，该理论本身尚具有独创性，同时也提供了重要的着眼点。

---- 专栏 ----

和辻哲郎在构思风土论时，便试图将其作为与德国哲学家海德格尔的思想相抗衡的理论。两人都出生于1889年，和辻在留学德国期间曾师从海德格尔。受到海德格尔《存在与时间》的深刻影响，他雄心勃勃，试图构思出一种与之相抗衡的哲学理论。从某种意义上来说，和辻是在试图为海德格尔的概念建立相应的对立轴线。海德格尔关注人类的时间性，探讨历史性；而和辻则注重人类的空间性，构思了风土性。这一构想随后以和辻伦理学的形式得以体系化。

Basic 72
也赋予自然以权利

"权利"这一概念通常用于人类或人际关系的场景。因此,谈及"人权"(人类的权利)是理所当然的。但如果我们说"赋予自然以权利"会如何呢?比如"动物的权利"或"植物的权利"是否会被认可?

在过去,人们对这样的说法可能很难理解:"动物拥有权利,简直荒谬!""如果说是树木所在的土地的所有者的权利,还能够理解,但认为树木拥有权利,这个想法太愚蠢了!"然而,从20世纪70年代开始,保护环境的呼声开始高涨,情况发生了巨大的变化。美国学者罗德里克·纳什[161]在其著作《大自然的权利》中这样说道:"从限定于人类这一群体的自然权利,到构成自然的各要素的权利,甚至是(某些观点中)自然整体的权利,这是一种伦理观的演进。在这种相关性中,对权利一词的使用至今已经引起了相当大的混乱。……这个术语一方面应用于技术、哲学或法律领域,另一方面则表示自然或构成自然的各要素所具有的人类应尊重的固有价值。"

在当今社会中,我们会在法律中要求赋予动物、植物甚至整个自然以权利,也会摒弃人类中心主义,

---

161 罗德里克·纳什:20—21世纪美国环境史学家,目前仍积极参与环境保护运动。

承认自然的价值。但在过去,权利只被赋予人类,不包括其他生物和非生物。非人类的存在被视为人类的手段或工具,其本身不存在价值。

到了20世纪后半期,以美国为中心的环境保护运动兴起,提出了"也赋予自然以权利"的主张。然而,当我们将权利的概念扩大到这种程度时,就需要重新审视"权利"的含义。给予"自然"权利究竟意味着什么——这是以前从未被提及的问题。

····— 专栏 —····

关于是否应该为了保护自然而给予自然"权利",存在着不同的观点。这是因为即使不使用"权利"这一概念,也有许多需要保护的事物。这种观点的背后潜藏着对解放运动的理解。主张动物权利的人们将动物解放视为黑人解放、女性解放等运动的延伸。在这些解放运动中,以前被认为理所当然的歧视,在解放后被视为是不可接受的。这一切都建立在平等性原则的基础之上。给予动物权利是因为承认人类和动物的平等。然而需要注意的是,在谈论"平等"时,我们需要明确"是关于什么的平等"。

Basic (73)
自然物与技术制品

德国现代哲学家哈贝马斯[162]认为,随着科学的发展,"自然"开始面临危机——自古希腊以来对自然的理解将从根本上瓦解。

为什么会出现这种情况?哈贝马斯基于现代基因工程的发展说道:"具有偶然性的物种演化逐渐成为基因工程能够介入的领域,也就是人类负有责任的领域。随之而来的,是技术制品与自然物在生活世界中的分界线将变得模糊不清。"

哈贝马斯认为,我们所处的世界一直习惯于亚里士多德[163]所提出的分类方式。亚里士多德将世界分为:**①静观自然的理论态度(自然学);②对自然进行干预的技术态度(制作学);③进行伦理行为的实践态度(伦理学)**。根据①和②之间的区别,我们能够清晰地区分自然产生的事物和人为制造的事物。

---

①静观自然的理论态度→自然产生的事物

②对自然进行干预的技术态度→人为制造的事物

---

162 尤尔根·哈贝马斯:参照 Basic 8。
163 亚里士多德:参照 Basic 2。

自古希腊时代以来，人们一直认为这种区分理所当然。然而，随着基因工程技术的发展，这种显而易见的区分正在逐渐消失，造成了混乱的局面。

例如，让我们想象一下为了让孩子健康出生（自然产生），对体外受精生成的受精卵进行基因编辑的场景。在没有技术介入的自然状态下，这个受精卵可能会患上严重的遗传疾病，因此我们对受精卵进行基因编辑，使其在出生时就没有遗传病。那么这个孩子是因技术的介入而成为"人为制造的事物"呢，还是由母亲自然生育而来的"自然产生的生命体"呢？

如此一来，"自然产生的事物"和"人工制造的事物"这一区分是否会变得混乱？对于这个问题，我们无法轻易给出肯定的答案。但至少可以确定的是，随着技术的进步，我们需要重新区分这两个概念。如果将所有技术因素剔除，我们能否发现"自然产生的"事物，这一点值得重新探讨。

···— 专栏 —···

哈贝马斯认为,随着现代生物技术的发展,自亚里士多德时代以来"自然"和"人为"之间的区别正在逐渐消失,因此他反对生物技术。然而,我们也可以站在相反的立场,即根据现代技术的要求来改变我们的思维方式和概念。这一点同样适用于"人的尊严"这一概念。虽然有很多人利用这一概念反对生物技术,但康德最初提出"人的尊严"时,并没有设想到现代这种涉及操纵受精卵基因的情况。因此,我们也需要注意概念的使用方式。

Part 3

生活在没有
正确答案的世界

Chapter 8
制度：可见和不可见的制度

在日常生活中，我们并没有特别意识到制度的存在。我们在家庭中出生，学习语言和习俗，去学校和公司，等等。

人类聚集并开展活动的场合形成了各种制度。说得极端一点，从出生到死亡，我们都与制度共同生活。既有可见的制度，也有不可见的制度。

由于制度像空气一样无处不在，所以我们很少思考制度的本质。但随着旧有的制度在各个领域发生变迁，我们更有必要重新关注制度。

制度在英语中被表达为"institution"，追溯至希腊语则为"nomos"。"制度"一词具体指法律、礼法、习俗、规矩、传统文化等规范。

制度的形态多种多样，无法一一列举。但从语言、习俗、道德、政治、法律、艺术等方面来看，或许可以稍微想象一下。

日本哲学家三木清在其著作《构想力的逻辑》（1939）中讨论了"制度"，并提出了制度的三个特点：一是"虚构性"（fiction），二是"惯例性"（convention），三是针对个体的"法律强制性"。

也就是说，制度并非人类天生具备的事物，而是刻意构建的产物。随着时间的推移，它们逐渐固化为社会习俗，并有时对个人施加强制性的权力。

从这一角度来看，我们可以感受到制度是如何广泛而又根深蒂固。因此，如果只是对制度进行一般性的讨论，我们势必很难深入理解。因此，在这一章中，我们将通过观察制度的具体形式来逐一确认对应的哲学思想。

Basic (74)

physis（自然）和nomos（规范）对立吗？

"制度"这一概念在历史上可以追溯至希腊语的"nomos"，通常被翻译为"法律"或"习俗"。它被视为在社会中强烈约束人们行为和思维的规范。

该词在哲学领域引起特别关注是在"nomos"和"physis"作为对立概念使用之后。最初它们并非如此，直至苏格拉底[164]和柏拉图[165]的时代才开始作为对立概念使用。

当被用作对立概念时，"nomos"常被理解为"人类错误的思维定式"，而"physis"则被视为"超越思维定式的真实"。例如，著名的原子论者德谟克利特[166]认为："颜色、甜味和辛味都基于人类的约定（nomos），真实的世界只有原子和虚空。"

支持这类观点的人被普遍称为"诡辩家"。诡辩家是指从外国来的、以教授辩论技巧为职业的知识分子。在希腊，提高辩论技巧的高明程度成为提升社会地位的方法之一，因此出现了以其谋生的人。据说其

---

164 苏格拉底：参照 Basic 2。
165 柏拉图：参照 Basic 2。
166 德谟克利特：公元前5—前4世纪古希腊哲学家。他将万物的本原视为永恒不灭的原子，在古代提出了原子论。

中一位名叫安提丰[167]的诡辩家曾这样说道："'合法'指不违反自己所在国家的习俗和法律。为将这种意义的合法充分利用于自身，在众目睽睽之下，我们应该高度尊重相关法律和习俗。而无人在场时，我们随本性驱动行事即可。因为法律是事后制定的，而自然本性则是必然存在的。"

这里所呈现的是"nomos=人为=虚假 VS. physis=自然=真实"这一对立结构。苏格拉底和柏拉图对这种对立本身提出了异议，但于这个时期确实形成了"nomos作为制度"的思想。

此后，对于制度的评价出现了多种观点。但需要谨记的是，它们都根源于与"自然本性"的对比。

与此同时，"思维定式"与"真实"的对比框架也被提出。然而从今天的角度来看，这种对比本身也需要重新审视——因为习惯和传统本身对于人类来说确实成了真实。

---

167 安提丰：在古希腊时期，有两位以该名字闻名的人，一位是雄辩家，另一位是诡辩家，两人是否为同一人尚不确定。诡辩家安提丰有一篇论述法律与自然对立的文章。

Basic 75
成为第二自然的制度

自古希腊以来,制度一直在"nomos与physis"这一对立概念的框架下被提及与理解。然而,我们究竟是否能将制度视为与physis对立的人造物呢?也许我们需要一种超越两者对立的全新视角。因为被视为制度的习俗、法律,甚至是人的性格和行为,自古以来就被称为"第二自然"。换句话说,**"nomos"并不仅仅与"physis"对立,更被视为"第二个physis"**。

来看看以下两位哲学家引人入胜的讨论。其中一位是活跃于16世纪的蒙田[168],著有《蒙田随笔》。大约一个世纪后,帕斯卡[169]写下了《思想录》,试图改写蒙田的论述。在了解这一背景后,再来阅读二人关于"第二自然"的讨论,我们可以从中看出关于"制度"的有趣视角。

首先,蒙田在作品中写道:"习俗是第二自然,绝不弱于第一自然。"从这句话可以看出,蒙田并非将自然与习俗理解为如"nomos"和"physis"般对立的概念,而是将它们统一视作自然的表现方式。

然而,帕斯卡试图在蒙田这一陈述的基础上推进一步。他这样说道:"习俗是第二自然性,它破坏了

---

168 米歇尔·德·蒙田:参照Basic 9。
169 布莱士·帕斯卡:参照Basic 9。

第一自然性。但什么是自然性呢?为什么习俗不是自然呢?就如习俗是第二自然性一般,自然性本身也不过是第一习俗而已。我对此十分担忧。"

为了解构自然与习俗(制度)之间的对立,帕斯卡不仅将习俗称为"第二自然",还进一步将自然称为"第一习俗"。习俗并非完全随机发生,具有被称为"规律"的"一致性"。那么,自然本身也可能是一种"习俗"吗?这就是帕斯卡提出的问题。

基于蒙田和帕斯卡提出的论述进一步思考,关于"自然"和"制度"的对立视角可能会发生根本性的转变。

⋯⋯ 专栏 一 ⋯⋯

在帕斯卡的《思想录》中,有一段阐述制度恣意性的文字令人印象深刻。例如:"仅仅三度的纬度差异就能颠覆所有法律,而一条子午线能够决定真理。……那以一条河流作为界线的滑稽正义啊,比利牛斯山这一侧的真理,在那一侧却成了谬误。"

从中我们可以推导出相对主义,但在此之前,我们也可以思考一些根本性的问题,例如"法律是什么"或者"正义是什么"。"习俗,仅仅因为它被接受,就形成了公平的一切。这是其权威的神秘基础。"

这是一个令人恐惧的洞察。因为一旦对其基础进行质疑,它就会变得岌岌可危。

Basic 76
关于制度世界的科学必不可少

近代时期，自然科学经历了被誉为科学革命的飞跃性发展。因此，包括笛卡尔[170]在内的许多哲学家都形成了基于自然科学的学问。然而，意大利哲学家维科[171]对这一近代主流倾向却持坚决的反对态度。

维科比笛卡尔晚大约70年出生，其思想观点与主流哲学史有所背离，但在探讨"制度"时，他提出了一些值得关注的理论。因此，我们需要重新审视通行的哲学史叙述。

维科认为相对于研究自然的科学，人类急需一门"新学问"来研究"国家制度的世界"，并作出了以下宣言。为了更好地理解维科的意图，让我们来听他娓娓道来。

"在遥远古代的浩渺黑暗中，我们仍能看到无法置疑的真理，那是一束永不熄灭的永恒之光。也就是说，国家制度的世界确实由人类创造，因此，其各种原理可以在我们人类精神的内部找到。……如果想到

---

170 勒内·笛卡尔：参照 Basic 12。
171 詹巴蒂斯塔·维科：17—18世纪意大利哲学家。他与同时代的笛卡尔派哲学家相抗衡，展开了历史哲学的研究，代表作为1725年出版的《新科学》。

这一点,每个人都会感到惊讶:为什么所有的哲学家们都曾认真努力地追求自然世界的知识?即使知道自然世界是上帝创造的,只有上帝才能拥有关于它的知识。为什么人们忽视了对这个世界(国家制度的世界)的思考?即使这个世界由人类创造,人们本该拥有关于它的知识。"

维科对比了"自然的世界"和"制度的世界",将前者归因于上帝的创造,后者归因于人类的创造。因此,**他主张人类应该探究的真正知识是"关于制度的学问"**,因为我们只能真正理解自己所创造的东西。

如今,对于是否应将自然世界视为上帝的造物,人们的意见还存在着分歧。但至少我们不会认为自然世界是由人类创造的。相反,毋庸置疑的是,制度的世界是由人类创造而来,因此我们或许应该更加认真地审查这一点。维科的箴言与他的名字一起长期被遗忘于历史长河之中,但如今人们已经渐渐认识到其深刻之处。

····· 专栏 ·····

　　以维科为首,有许多意大利哲学家专门分析人类创造的制度世界。例如,早于维科接近200年的马基亚维利[172]著有《君主论》,开创了现实政治理论。此外,晚于维科接近200年的帕累托[173](经济学)、克罗齐[174](历史学)、格拉姆西[175](马克思主义哲学)等人均形成了各自独特的理论。这一传统延续至今,在现代由阿甘本[176]、内格里[177]等人继续发扬光大。尽管意大利哲学似乎偏离了英、德、法的主流,却形成了独立自由的理论体系。希望大家能够趁机拓宽视野。

172　尼可罗·马基亚维利:15—16世纪意大利政治思想家。于其逝世后出版的著作《君主论》被视为政治理论的经典之作,传世至今。

173　维尔弗雷多·帕累托:19—20世纪意大利经济学家、哲学家和社会学家。他提出了"精英循环"的概念,指出在社会变革中,不同性质的精英群体会交替成为统治者。

174　贝奈戴托·克罗齐:19—20世纪意大利哲学家、历史学家。他通过对黑格尔哲学的批判性研究,在历史哲学和美学等领域发表了重要著作,并产生了深远影响。

175　安东尼奥·格拉姆西:19—20世纪意大利革命家、哲学家,因墨索里尼的法西斯政权而长期受到囚禁。他在监狱写下的笔记后来升华为格拉姆西思想,并产生了深远影响。

176　乔尔乔·阿甘本:20—21世纪意大利哲学家,目前仍在世,出版了《牲人》等诸多重要著作。

177　安东尼奥·内格里:20—21世纪意大利哲学家、革命家,目前仍在世。他以对斯宾诺莎和马克思的研究而闻名,其思想受到了法国德勒兹的影响。2000年,他与美国迈克尔·哈特合著的《帝国》出版,引发全球热议。

Basic 77
制度决定人的喜好

通常情况下，我们认为爱好是个人的选择，与制度无关。以一个简单的例子来说，喜欢或不喜欢什么食物仅仅是个人喜好，不受制度左右。

然而，现代法国思想家皮埃尔·布尔迪厄[178]认为，是社会制度塑造了文化兴趣的差异和行为方式。例如，他这样说道："各种文化习惯行为（如参观美术馆、听音乐会、观展、阅读等）以及对文学、绘画、音乐等的偏好，首先与受教育程度（以学历或受教育年限衡量）密切相关，其次与社会阶层紧密相连。"

这是我们可以预想的观点。然而，布尔迪厄为了验证他的主张，还提出了诸多概念。其中之一便是"文化资本"。通常情况下，"资本"这一概念主要用于经济活动领域，马克思的《资本论》就是典型的例子。但布尔迪厄还将其应用于文化领域。那么，"文化资本"究竟意味着什么呢？

首先，它指物质上可以拥有的东西，如书籍和绘画作品。除此之外，布尔迪厄还将个人内在积累的知识、教养、技能、兴趣和感性等称为"文化资本"。

---

178 皮埃尔·布尔迪厄：20—21世纪法国社会学家、哲学家，代表作为1979年出版的《区分》。他提出了"文化资本"和"习性"等概念，揭示了社会中权力的存在方式。

另外,还存在制度化的"文化资本",包括通过学校制度获得的学历和资格等。再者,布尔迪厄还使用了"社交资本"的概念,类似于日语中的人际关系。通过社交资本可以创造各种利益,相信大家对此应该十分熟悉。

文化资本、学历资本和社交资本会导致个人所属的社会阶级或阶层生成特定的行为方式和感知风格。布尔迪厄将其称为"habitus"(习性)。该词源于拉丁语,意为"态度"或"习惯"。

通过文化资本等"制度"的影响,个体的习性得以塑造,从而影响其兴趣和偏好。因此,即使是个人的喜好问题,也无法割离"制度"的影响。图23是布尔迪厄所给图示的简略版本。通过观察图23,也许能够更加深入地理解制度对食物偏好的影响。

图23　制度差异导致的食物偏好

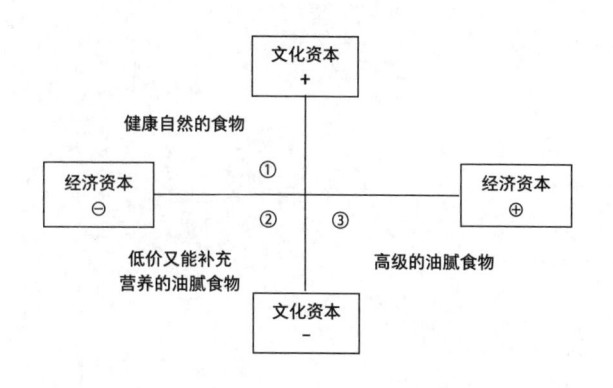

```
                    ┌─────────┐
                    │ 文化资本 │
                    │    +    │
                    └────┬────┘
      健康自然的食物      │
  ┌─────────┐    ①      │              ┌─────────┐
  │ 经济资本 │───────────┼──────────────│ 经济资本 │
  │    ⊖    │    ②      │     ③        │    ⊕    │
  └─────────┘            │              └─────────┘
   低价又能补充           │         高级的油腻食物
   营养的油腻食物    ┌────┴────┐
                    │ 文化资本 │
                    │    −    │
                    └─────────┘
```

---— 专栏 —---

提到布尔迪厄,一些固执的人可能会认为他是一位社会学家,不愿将其理论视为哲学。然而,布尔迪厄最初在巴黎高等师范学校学习哲学,并获得了哲学的教师资格证书。实际上,在20世纪之前,社会学和哲学之间并不存在对立。目前,我们不仅在社会学领域,还在经济学、政治学乃至历史学中讨论制度的问题。尽管各个领域的研究方法不同,但没有必要将其与哲学作严格的区分。跨领域的思考方式更能拓宽我们的思维,避免狭隘的部门主义(sectionalism)。

Basic 78
以亲属制度为基础的结构化社会

制度决定了人类行为的根本规范，这一点被列维-斯特劳斯[179]在人类学领域中阐明。他首先将社会分为"冷社会"和"热社会"，将划分的标准规定为历史的变迁。

"冷社会"指历史上几乎不发生变化、长期保持同一制度的社会，也被称为"原始社会"。"热社会"则是指文明化的社会，社会制度随着历史的变迁而改变。马克思的研究对象是"热社会"，他将历史变革的原动力归结于经济因素。而列维-斯特劳斯则分析了"冷社会"，其主要研究主题为"亲属关系"和"婚姻规则"。

值得注意的是，列维-斯特劳斯在分析亲属关系时，使用了被称为"群论"的现代数学方法，并由此得出一个结论：那些在过去被视为"未开化"的社会实际上已经形成了高度复杂的社会结构，而这些结构可以通过高级现代数学进行解析。列维-斯特劳斯寻

---

[179] 克洛德·列维-斯特劳斯：20—21世纪法国文化人类学家和哲学家。20世纪60年代，他在法国掀起了一股以结构主义为首的热潮。尤其是在1962年出版的《野性的思维》一书中，他批判了萨特，鲜明地宣告了从存在主义到结构主义的转变。

求了布尔巴基学派[180]数学家的帮助,从中提取出了亲属关系的结构。

图24 "冷社会"与"热社会"

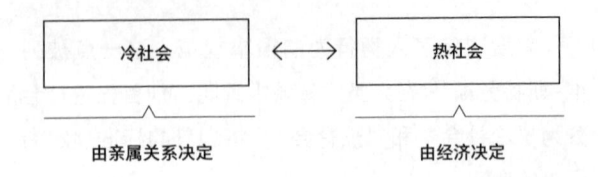

```
┌─────────┐           ┌─────────┐
│  冷社会  │ ←──────→ │  热社会  │
└─────────┘           └─────────┘
 由亲属关系决定          由经济决定
```

让我们来看看简化后的模型。假设在澳大利亚的卡列拉部落中,每个成员都归属于A、B、C、D四大群体中的一个。那么,其婚姻的组合和产生的子代群体将如下所示。

图25 婚姻的组合和产生的子代群体

丈夫(男)	妻子(女)	孩子
A	B	D
C	D	B
D	C	A
B	A	C

---

180 布尔巴基学派:20世纪30年代诞生于法国的年轻数学家团体,其名字尼古拉·布尔巴基只是团体的笔名。他们以结构概念为基础,撰写了体系庞大的《数学原理》。列维-斯特劳斯曾委托该学派的成员安德烈·韦伊实现亲属结构的数学化。

根据列维-斯特劳斯的观点，如上所示的规律可以用数学的方式来描述，并可以从中推导出人类学的两个发现：①禁止近亲结婚；②禁止同辈表亲结婚。在这里无法提供具体的解释，但此时列维-斯特劳斯考虑的是以下关于结构的概念。

"'结构'是由要素与要素间的关系组成的整体，这些关系在一系列的变形过程中保持不变的特性。"**人类并非有意识地行动，而是在不知不觉间融入并支持着无意中形成的"结构"**。虽然这只是"冷社会"的制度，但对人类来说是确认制度意义的重要案例。

…— 专栏 —…

20世纪60年代在法国流行的结构主义哲学[181]起源于列维-斯特劳斯的人类学研究。他与萨特属于同一时代，却将研究领域从哲学扩展到了人类学。列维-斯特劳斯的主要著作《亲属关系的基本结构》于1949年出版，但直到1962年出版批判萨特的《野性的思维》之后，他的思想才真正引起轰动。此后，结构主义开始在各个领域流行，但列维-斯特劳斯却强调"结构主义仅限于语言学和人类学"。在理解结构主义时，我们需要谨记这一点。

---

181 结构主义哲学：以结构主义语言学（如雅各布森和索绪尔）以及列维-斯特劳斯的结构人类学为模型，在法国心理学、社会学、文学、历史学等领域形成了相应的理论。这些被统称为结构主义哲学。

Basic (79)
通过语言这一制度理解

在考虑人类区别于动物的标志时,语言通常被认为是一个重要方面。因此,在定义人类时,人们常说人是一种"具有语言(logos)的动物"或者"语言人"(homo loquens)。

而正是这一区别于动物的语言,成为人类的基本制度。为什么语言被视为一种制度呢?

对20世纪哲学产生重大影响的语言学家索绪尔[182]在思考语言时,提出了两组对立的概念。其中一组概念是语言(langue)和言语(parole),**语言指在特定社群中使用的语言,如日语或法语。言语则是指个体实施的言语行为。**如在日本人的日常生活中,人们通过言语行为运用着日语这一语言。

另一组概念是"能指"(signifiant)和"所指"(signifié)。直译是"表示事物的符号"和"所表示的事物",后来也常被翻译为"**意符**"和"**意指**"。

例如,当我们用"狗"来指代眼前"汪汪"叫的动物时,发出的声音是"能指",而由此形成的

---

182 费迪南·德·索绪尔:19—20世纪瑞士语言学家,被誉为"现代语言学之父",对20世纪的思想产生了重大影响。特别是在20世纪60年代,流行于法国的结构主义将索绪尔的语言学作为其理论基础。

"狗"的形象则是"所指"。

索绪尔语言学的第一个基本原理是，"能指"和"所指"的联系是任意的。实际上，"狗"这一词的发音和"狗"的形象之间并没有必然的联系。声音和形象的联系通过社会习惯而形成，而不同的习惯会形成不同的联系。例如，在英语中是"dog"，在德语中则是"Hund"，而这正是语言被视为一种制度的理由。

从任意性的原理出发，会得出什么结论呢？根据索绪尔的观点，语言并不是将标签贴在已经存在的事物上。相反，正是语言将世界万物分割与归类。

世上并没有事先确定的意义，语言的归类方式不同，就会呈现出不同的世界。因此，通过使用语言，人们可以构建出对应的世界。语言不同，世界的分类也将不同。

综上所述，**语言不仅是一种独立的制度，同时也是支撑其他制度的基础性制度**。因此，在思考"制度是什么"这一问题时，人们常将焦点放在语言上来作阐明。例如，索绪尔将语言的本质比作货币，因为货币作为一种制度可以与语言进行类比。

当然，尽管货币和语言都被视为制度，它们之间也存在着明显的差异，这一点显而易见。

···— 专栏 —···

在索绪尔提出的二元对立概念中,有一组概念在其他领域也常被使用,那就是"历时性"(diachronique)和"共时性"(synchronique)的对立。在索绪尔之前的语言学更多关注语言的历史变化,进行通时性的研究,而索绪尔则将语言切割为特定时期,对特定时期进行共时性的研究。他在《普通语言学教程》(1916)中阐述了这一观点。不过,这部著作仅仅是讲义记录,在索绪尔去世后由他的学生编辑而成,目前也有新的版本面世。

Basic (80)
20世纪的流行思想——文化相对主义

所属群体的制度规定了人的思维和对事物的看法——这一点自古以来便众所周知。例如，古希腊时代的希罗多德[183]在《历史》中举了这样一个令人印象深刻的例子：当亲属去世时，有些部落会火葬，有些部落则会吃人。每个群体都认为自己的习俗和风俗正确，其他群体的习俗奇怪而又难以接受。

这种观点在现代被称为"文化相对主义"。尽管这一术语被认为来自美国人类学家法兰兹·鲍亚士[184]，但准确地说，鲍亚士并没有使用过这一术语。他只是主张，"文化的眼镜"对人类的认知造成了极大影响。

第二次世界大战结束之后，随着殖民地的解放，文化相对主义的思想成为一种国际共识。由于文化和制度的差异，人们的思考和看法也各不相同，我们无法评判优劣，更无法判定正确与否。

---

183 希罗多德：公元前5世纪古希腊历史学家，被誉为"历史之父"，撰写了以希波战争为主题的《历史》。
184 法兰兹·鲍亚士：19—20世纪美国文化人类学家。他以对土著民族的调查为基础，提出了"文化相对主义"的基本观点，对后来人类学的研究方向产生了影响。他培养了许多杰出的学生，比如鲁思·本尼迪克特。

在过去，人们对文化的看法往往倾向于进化论，而西方文化被视为发展中心一直占据着最高地位。然而，从文化相对主义的立场来看，**尽管文化之间存在各种观点的差异，但这些差异仅仅源于文化和制度的不同，并不存在唯一的标准或原则。**

文化相对主义与语言学、符号学、知识社会学、科学史等领域的知识相结合，在各个领域逐渐成为一种常识性的讨论话题。例如：

> 人们语言和文化不同，所看到的世界也就不同。
> 不同的范式使我们生活在不同的世界。
> 社会的差异导致思想的差异。

20世纪末，这种观点已经渗透至社会的方方面面，"多样性"成为关键词。但如今，人们也开始指出文化相对主义的各种问题。例如，我们应该如何看待真理和道德，如果文化和制度不同，"对"与"好"的标准是否也会完全改变？还是说存在着共同的准则和原则？不同文化之间是否存在对话的可能性？这些问题重新引起了人们的关注。

···— 专栏 —···

对于文化相对主义，美国哲学家理查德·罗蒂[185]提出了一个有趣的观点。他指出，即使两种文化不同，也不意味着它们的观点完全不同。而即使属于同一文化，也不意味着它们的观点完全相同。也就是说，理解的相同或不同常常只是程度问题。而且，同一文化内部相互对立的情况有时也许比不同文化之间更为严重。因此，将文化的差异绝对化，把焦点放在是否能够理解对方，并不是有效的方法。无论在不同文化还是在同一文化中，观点的相同或不同通常只是程度问题。重要的是在一定程度上找到双方的共同之处，并以此为基础减少对立。

---

185 理查德·罗蒂：参照 Basic 8。

Basic 81
制度通过技术得以形成

从语言和文化的角度考虑"制度"时,人们常常忽视媒介和技术的问题。然而,无论语言还是文化,都需要通过媒介和技术来传播。

例如,信息是口头传达、通过打印的文档传达还是通过影像传达,会使人们对信息产生不同的理解。因此,媒介和技术对一种制度的形成发挥着至关重要的作用。

如果我们再次回看活字印刷技术,就会发现宗教改革运动与圣经被翻译成各国语言并出版有着密不可分的联系,书籍的出版与现代国家民族主义的产生也紧密相关。此外,众所周知,通过印刷物的普及,具有现代民主思想的公众才得以诞生。

就这样,技术以各种形式对社会产生了重要影响。

德国哲学家弗里德里希·基特勒[186]对19世纪发生的"媒介技术"革命进行了分析,并讨论了其意义。例如,在那个时代出现了记录和播放影像和音频

---

186 弗里德里希·基特勒:20—21世纪德国哲学家。他以媒介理论为主题构思了一种新的哲学方向,但由于表达晦涩复杂,并未得到世人的充分理解。其代表作包括1985年出版的《话语网络1800—1900》和随后一年出版的《留声机 电影 打字机》。

的技术,这使人类的存在方式发生了决定性的变化。基于此,我们可以将媒介的历史划分为三个阶段。在文字出现之前,仅存在声音媒介阶段时,人与人之间的联系较为有限,沟通也受到时间和地点的限制。声音无法被记录,也无法传递至遥远的地方或不同的时间。

随着文字媒介的出现,人们开始能够将信息传递至遥远的地方和不同的时间;但影像和声音等信息需要首先被转化为文字,且人们必须理解文字的含义。

根据基特勒的观点,书籍(文字媒介)的统治地位一直延续到了18世纪。19世纪以后,新的技术媒介开始夺取文字媒介的霸主地位。此时,影像和音频已经可以直接记录和传递,无须转化为文字。

就这样,技术媒介能够迅速地对许多人产生影响。而且,由于影像和音频不需要理解文字的含义,所以还可以作为大众媒体被应用于政治领域。因此,在现代社会中,技术媒介对人们的思想和行为产生了决定性的影响。

···— 专栏 —···

  在过去,技术一直被视为人类的辅助角色,就像是一种有用的工具。然而,如今人们已经认识到,这种观念无法正确地认识技术。例如,海德格尔[187]在二战后提出了重要的技术理论,他认为通过技术,人类被整体系统吸纳和驱动,他将其称为"集置"(gestell)。例如,某个地区的经济被推动向煤炭或矿物的方向发展。煤炭被驱动转化为蒸汽,而蒸汽则被用来驱动机械装置。这样一来,就形成了驱动的连锁反应,而人类则被纳入这个连锁反应之中。而且,人类无法逃离这一整体性的驱动系统。因为它既是技术系统,同时也构成了我们的制度。这一观点也许可以让我们更好地理解家庭、公司、城市和国家等各个层面下被技术支配的人类。

---

187 马丁·海德格尔:参照 Basic 10。

Basic 82
对话可以解决权力关系？

制度是如何形成的？一旦形成之后，又该如何变更？这些问题涉及一个重要的概念：权力。在提及"权力"时，人们往往会联想到某些特定机构或个人拥有的强制性力量，上级以此对下级发出命令或指示。

然而，在这种权力观念下，我们将无法理解现代的具体制度。因为即使没有可怕的权力者，权力仍然存在，制度仍会形成。那么，我们应该如何理解权力呢？法国的米歇尔·福柯[188]革新了"权力"概念，并提出了以下观点："我以为，首先应该将'权力'理解为众多的力的关系，这些关系存在于它们发生作用的那个领域，而且它们构成自己的有机体。"

根据福柯的观点，权力作用于人际关系的各个方面。无论是餐桌旁的"亲子关系"，还是课堂上的"师生关系"，都存在着权力关系。在朋友关系和职场人际关系中，权力也不容忽视。诸如此类的权力关系可以被视作现实中的制度。

例如，在课堂上，教师要求某个学生"去图书馆取本书"，这显然是一种权力的行使。正因为教师和

---

188 米歇尔·福柯：参照 Basic 19。

学生之间存在着现实中的制度,教师才会这样命令学生。此时,学生也许会因为期待教师的表扬而忠实地遵从指令。但如果学生拒绝了这个要求,又会发生什么呢?

为了改变这种已经形成的制度,哈贝马斯[189]提出了"交流"的概念,并提倡新型的人际关系。**此时的关键在于,不考虑自身或他人的地位与资格,以平等的姿态进行交流。**例如,在前面的例子中,学生不基于和教师之间的权力关系,而是以完全平等的身份回应教师的要求。哈贝马斯将其称为"理想交谈情景下的对话"。

这样一来,学生也许会这样回应教师的要求:"在上课期间,去图书馆取书不是我的任务。您没有命令我这样做的资格。您应该提前准备好。"而教师也无法利用特殊地位对学生下达命令。这种情况同样也适用于职场和家庭,但在现实中,当权力关系作为制度得以确立时,实施平等的沟通就会变得尤为困难。尽管如此,我们仍需意识到存在着平等沟通的可能。

189　尤尔根·哈贝马斯:参照 Basic 8。

—— 专栏 ——

　　作为法兰克福学派的第二代学者,哈贝马斯继承了阿多尔诺[190]和霍克海默[191]的思想,发展了批判理论。在这一过程中,他聚焦于"沟通"概念。第一代学者阿多尔诺和霍克海默在批判现代社会时,甚至否定了"启蒙理性"这一有效原则。相比之下,哈贝马斯并未全面否定现代启蒙理性,而是认为应该通过沟通理性来发展其可能性。因此,面对法国的后现代派[192]哲学,哈贝马斯坚定地站在现代派[193]的立场上。对哈贝马斯而言,重要的并非否定现代,而是使其完善和发展。

---

190 西奥多·阿多尔诺:20世纪德国哲学家,与霍克海默一同对法兰克福学派及20世纪的哲学产生了重大影响。
191 马克斯·霍克海默:19—20世纪德国哲学家,与阿多尔诺一起创立了法兰克福学派,并合著《启蒙辩证法》,为法兰克福学派的批判理论奠定了基础。
192 后现代派:在后现代主义盛行时期,推动后现代主义的后现代派与批判后现代主义的现代派之间形成对立。德国的哈贝马斯属于现代派,法国的利奥塔尔则属于后现代派。
193 现代派:对抗后现代主义的一种立场,强调现代(近代)的意义。参见后现代派。

Chapter 9
社会：如何与他人共存？

人类世界和自然世界通常被认为是并列的两大哲学课题。自古希腊时代以来，人们一直在探索如何理解人类的集合体。然而，关于是否将人类的集合体表达为"社会"，还存在着一些值得注意的问题。

英语中表示"社会"的单词"society"，其源头可以追溯至亚里士多德[194]的"Koinōnia"，而能否将这个词翻译为"社会"则存在一定的争议。实际上，该词更常被译为"共同体"，与一般人所理解的"社会"有所不同。

自亚里士多德的时代以来，"社会"一词经历了复杂的历史演变，如果忽略这一点而随意使用，可能会引起误解。即使在现今，"society"一词的意义也十分广泛，从小范围的圈子或俱乐部，到组织、协会等机构，再到"公司"，甚至是涵盖了整个人群的集合体，都可以称之为"society"。因此，在使用"社会"一词时，我们应将这些背景均考虑在内。

目前在理解"社会"这一概念时，通常分为两种观点：社会有机体论和社会原子论。而两者的区别基本对应了"社会"一词的历史变迁。

---

194 亚里士多德：参照 Basic 2。

持社会有机体论的学者以亚里士多德为代表，将"社会"视为类似于希腊的"共同体"。这种观点认为社会是一个有机体（紧密联系的整体），将个体视为整体的部分。持社会原子论的则以近代主张社会契约论的学者为代表，正是在他们的时代，"社会"的概念发生了变化，开始被视为由各个独立的个体聚集而成的集合体。

当然，社会有机体论的思想并不仅限于古代。强调共同体这一侧面的哲学家一直存在，并延续至今。他们将共同体视作国家，强调社会和国家之间的对立关系。

如今人们在使用"社会"一词时，很少意识到这一概念的历史渊源，但其实我们应该将其谨记在心。在日语中，"社会"这一译词出现于明治时代之后，此前日语中并没有"社会"的概念。因为在没有"独立个体"的概念之前，"社会"是无法形成的。

我们无意间使用的"社会"一词，背后其实蕴含着许多历史背景。为了避免不必要的误解，在不确定其具体含义的时候最好随时查阅相关资料。

Basic 83
城邦动物

在表达人的社会性时，人们通常会引用亚里士多德[195]的著名论点。例如："由此可以明白，城邦出于自然的演化（而非完全人为创造），这一点显而易见。而人类天生是城邦动物（政治的动物），这一点同样显而易见。"

需要注意的是，这里使用的表达是"城邦动物"，而不是"社会动物"。根据亚里士多德的观点，"城邦"是一种"共同体"，包括"家庭""村庄"等，而"城邦"则被认为是最高的共同体形式。

因此，亚里士多德将人类称为"城邦动物"时，特别强调了其与"语言"的联系。因为"在动物中，只有人类拥有语言"。根据亚里士多德的观点，**语言能够"揭示有益或有害、正确或不正确的事物"**。因此，拥有语言的人类才能形成城邦。

"与其他动物不同，人类的特性在于具备辨别善恶、正邪等的知觉。拥有这些知觉的人们共同生活，建立家庭和城邦。"在共同生活的人群中，能够运用语言并判断善恶和正邪，是构成城邦（国家）的必要条件。从中我们可以看出，亚里士多德所理解的"国

---

195 亚里士多德：参照 Basic 2。

家"与近代以后的"社会"有着明显的区别。

他认为"国家"优先于个人和家庭存在,因为他将国家看作身体,将家庭和个人视为身体的手和脚。他说:**"人如果从城邦中割裂出来,就不再是独立的存在,就像被割裂出来的手脚与身体的关系一样。"**也就是说,以独立的个人为前提建立社会关系,这种近代以后的"社会"概念从一开始就不存在。

如果我们将亚里士多德的"城邦动物"替换为"社会动物",探讨人的社会性,可能就会引发多重误解。亚里士多德的"共同体"之后被翻译为拉丁语的"societas",并进一步演变为英语的"society",在这一过程中其内涵也发生了变化,这一点尤其需要注意。

…— 专栏 —…

虽然亚里士多德的国家共同体思想是在古希腊社会的背景下形成的,但在近代和现代,仍然存在不少的哲学家试图复兴这一思想。例如,被称为"德国的亚里士多德"的黑格尔[196]强调,国家是优先于个人和家庭的共同体。此外,因NHK"白热教室"而闻名的迈克尔·桑德尔[197]也批判个人自由主义[198],提倡"共同的善"这一国家共同体式的概念。

---

196 乔治·威廉·弗里德里希·黑格尔:参照 Basic 24。
197 迈克尔·桑德尔:参照 Basic 34。
198 自由主义:参照 Basic 45 的自由至上主义。

Basic 84
社会契约论与"社会"概念

在研究社会的形成时,近代涌现出一种由诸多哲学家共同构建的理论。我们通常将这种理论称为"社会契约"理论,但实际上只有卢梭[199]使用了这一术语。从霍布斯[200]到洛克[201]再到卢梭,每位哲学家的理论内容都各有差异,因此我们在使用这一概念时,需要注意到底是哪位哲学家的理论。

这些理论有着共同的结构,即它们都首先假设一种个体独立生存与生活的"自然状态"。从这一状态出发,人们通过契约来建立政府和国家。因此,有人认为比起社会契约论,称之为国家契约论更加合适。

然而,这一理论之所以被称为社会契约论,是因为它以与共同体分割开的独立个体为出发点,形成现代的"社会"概念。也就是说,独立的个体通过契约来建立社会。

哲学家们对自然状态的理解也存在着不同观点。例如,霍布斯以狼的形象为基础,提出了"万人对万

---

199 让-雅克·卢梭:参照 Basic 70。
200 托马斯·霍布斯:16—17世纪英国哲学家,其主要著作是《利维坦》。在哲学立场上,他持唯物论观点,批判了笛卡尔的二元论。在政治理论方面,他提出了社会契约论,将自然状态视为"万人对万人的斗争"状态。
201 约翰·洛克:参照 Basic 7。

人的斗争"观点。为了避免这种斗争带来的生命危险，人们有必要达成契约。由契约形成的国家将变得十分强大，霍布斯将其称为"利维坦"，即一种幻想中的怪兽。

洛克则认为自然状态是和平的状态。然而，当个人获得所有权之后，为了保护自己的权益，契约便不可或缺。洛克认为，**个人的身体归个人所有，通过劳动所创造的财富也归个人所有。为了保护自己的利益不受侵犯，个人需要与他人达成契约。**

一个世纪之后，休谟[202]对洛克的社会契约理论提出了异议。他强烈批判了"自然状态"的观念，**认为社会不是通过契约形成，而是在契约之前就已存在社会**，并将其原理称为惯例。休谟认为，人们在明确达成契约之前，已经通过惯例形成了社会。因此，社会在契约之前就已经存在。

社会契约还是惯例——在谈论社会的起源问题时，这一对立反复出现并不断演变。例如，在与社会契约论同时期的语言起源理论中，也存在着契约（约定）与惯例（习俗）的对立，这一对立甚至成为语言起源理论的基本框架。

---

202 大卫·休谟：参照 Basic 70。

··—— 专栏 ——··

　　社会契约论不仅仅是近代哲学家们的理论，在现代也出现了十分重要的观点。其中具有代表性的人物是美国的罗尔斯[203]，他于1971年发表了《正义论》。罗尔斯的理论被称为自由主义，他以独立的个体为前提，探讨了如何从自由的个体出发组建一个公正的社会。为此，罗尔斯运用了社会契约论的思想。首先，他设定了一种"原始状态"，并将其称为"无知的面纱"。面纱遮住人们的眼睛，使地位、财产、能力等个人信息不再可见。因为如果这些信息被公开，每个人都只会作出符合自身利益的选择。而戴上面纱，个人才能自由地选择，达成社会契约。

203　约翰·罗尔斯：20—21世纪美国哲学家，他于1971年发表的《正义论》在理论上确立了自由主义，并引发了自由主义热潮。虽然之后学界对此争议不断，但在谈论美国的政治理论时，自由主义是绕不开的。

Basic 85
人是一切社会关系的总和

青年时期的马克思[204]在构建自己的思想时,曾记录下这样一个命题,就是被称为《关于费尔巴哈的提纲》(总共11条提纲,它们被收录在马克思与恩格斯[205]共同撰写的《德意志意识形态》的附录中)中的一条。其内容如下:"费尔巴哈把宗教的本质归结于人的本质。但是,人的本质不是单个人所固有的抽象物,在其现实性上,它是一切社会关系的总和。"

这条提纲乃基于费尔巴哈的《基督教的本质》而被提出。**费尔巴哈认为基督教的上帝是人的本质(作为类别的本质)被异化的产物。**例如,如果我们将人性的理想视为"全知全能",那么恰好能体现这一理想的就是"上帝"。因此,费尔巴哈将宗教的本质重新归结于人的本质,并构思了人学。

对此,马克思批评道,费尔巴哈所设想的人的本质并不是单个人所固有的。通常来说,本质这一概念指一切事物共有的抽象特性,但马克思从一开始就否定了这种观点。马克思认为,"人的本质"并非费尔

---

204 卡尔·马克思:参照 Basic 51。
205 弗里德里希·恩格斯:19世纪德国革命家和社会思想家。他与马克思共同起草了《共产党宣言》等文件,对共产主义理论作出了重要贡献。

巴哈所主张的抽象概念（如"爱"），而是人与人之间具体的关系。

需要注意的是，此时马克思使用了"社会"一词。马克思效仿黑格尔，将"市民社会"与"国家"加以区分，并对社会进行了独立的分析。马克思认为，**在社会中，人与人之间各种关系的总和构成了人的本质。**

当我们思考个人在社会中的定义时，关注"意识形态"这一概念将很有帮助。意识形态也被称为社会意识。在社会中，个人通过与他人建立的各种关系来塑造意识。

例如，现代的我们将自由和平等等观念视为重要原则。然而，**无论是自由还是平等，都是从资本主义社会商品交易的现实情况派生出来的概念。**资本主义的原则是在等价（平等）原则的基础上自由地交换商品。正是从这一原则出发，人们形成了社会中的自由和平等的理念。尽管马克思的研究主题是对现实社会进行经济层面的分析，但为了理解人类，对社会的分析同样必不可少。

…— 专栏 —…

马克思的《关于费尔巴哈的提纲》短小精悍，文字简练有力，使人很容易记住。例如，"哲学家一直在解释世界，但更重要的是改变它！"读到这样的提纲，我们可能会有一种模糊的理解，但其中也隐藏着一些需要注意的陷阱。马克思在这里并没有试图提出一个普遍适用的理论来分析"解释"和"改变"的关系，这段文字仅仅涉及费尔巴哈的问题，我们需要根据语境来理解"解释"和"改变"的含义。如果将其视为普遍适用的理论，可能会导致严重的误解。

Basic 86
确保最大多数人的最大幸福是否属于社会公正？

在日本，功利主义有时会被误解为"利己主义"，从而忽略它是一种追求社会公正的理论。然而，如果我们看一下功利主义倡导者边沁[206]的观点，就会发现它与"利己主义"正好相反。

例如，对于广为人知的"最大多数的最大幸福"原则，边沁表达了以下观点："功利主义原则是指根据增加或者减少当事人的幸福倾向……来认可或者拒绝一种行为的原则。"

值得注意的是，这里假定的是社会整体的幸福总量，而不仅仅是个人问题。因此，边沁所追求的是社会的公正，而不是个人利益。也就是说，我们应该将"功利主义"称为"社会整体的功利主义"。

公司或组织在考虑如何作出决策时，这一观点将成为一项有效的原则。根据该原则，我们应该选择对所有当事人来说最有利的选项，以确保整体利益最大化。

在政治上，功利主义思想成为"多数表决"的理论基础。要在政治上实行民主主义，就应该尊重大多

---

206 杰里米·边沁：参照 Basic 33。

数人民的意愿,而"多数表决"能够实现这一目标。

然而,如果以幸福的总量为衡量标准,就会面临一种问题,即易陷入"多数人的专制"。对此,功利主义者约翰·斯图亚特·穆勒[207]也有所警觉。**他在《论自由》中问道:"如何适当调和个人独立和社会统管之间的关系?"** 为了说明这一点,让我们来看看以下思想实验。

> 恐怖分子扣押了20名人质。其中一名人质被命令杀害另一名人质。如果不听从该命令,恐怖分子就会杀害所有人质。在这种情况下,应该听从命令吗?

如果听从命令,1人会死亡,但其他19人的生命将得以保全。相反,如果不听从命令,20人的生命都将被剥夺。从功利主义的原则来看,似乎应该选择"杀死一名人质"。

然而,问题似乎并没有得到解决。也许我们更应该思考问题的本质所在,以及在实际情况中应该采取什么样的行动。

---

207 约翰·斯图亚特·穆勒:参照 Basic 31。

Basic 87
从规训社会到控制社会

法国的米歇尔·福柯[208]认为近代社会是"少数人监视多数人"的规训社会,而监狱是其中的典型例子。根据福柯的观点,近代社会将人们集中在特定场所,对其进行纪律训练,培养出遵守秩序的个体。例如,在学校、公司、工厂、军队、宿舍、医院等组织中,人们的行为受到严密的监视,并逐渐培养出自我监控的能力。

对此,福柯提出了一种近代社会的模型,即"全景监狱"(panopticon),其设计图纸由功利主义者边沁所作,旨在以最小的努力获得最大的效果。

在全景监狱中,从中央的监视塔可以随时监视被安置在单间中的囚犯。"panopticon"由"pan"(全部)和"optique"(看)两个词组合而成,所以被译为"全景监狱"。

福柯所理解的近代社会就是这样的"全景监狱",而德勒兹[209]则认为在当代,规训社会已经结束。作为替代,他提出了"控制社会"的概念。

---

208 米歇尔·福柯:参照 Basic 19。
209 吉尔·德勒兹:参照 Basic 3。

图 26　全景监狱

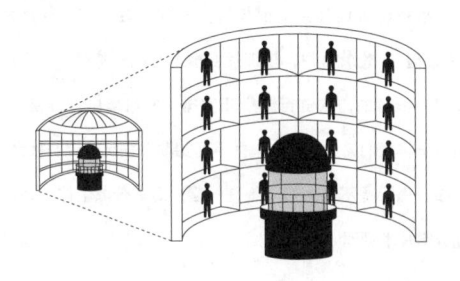

"'控制社会'的时代已经来临，现今社会已经不再是严格意义上的规训社会。……规训社会对我们来说已成为过去，不再反映我们的现实。"

福柯笔下的监视使用的是非数字的技术和手段，而德勒兹笔下的现代监视已经使用了数字技术。因此，**控制社会对个人不再有严格的纪律要求，他们的行为可以随时随地被管理。**

德勒兹在20世纪90年代提出了控制社会理论，其先见之明令人惊叹。他所预见的一切今日正在发生。

···— 专栏 —···

福柯将规训社会模型与传染病联系在一起,称其为"瘟疫型"。也就是说,规训社会模型是以一种对每个个体都没有危害的方式进行组织和安排,并对集体进行监视,类似于将人们关进监狱的单间。而德勒兹提出的控制社会,其核心思想是不将人们聚集在一起,而是分散个体,并通过数字技术管理。

Basic (88)

他者欲望的欲望社会：承认欲望和模仿欲望

在如今，承认欲望和模仿欲望可能会被视为心理学和社会学的问题。但这些欲望其实也是哲学领域一直以来关注的根本问题。

例如，从18世纪末到19世纪初，德国的费希特[210]和黑格尔[211]提出了"承认"这一概念，并将其作为他们的哲学原理。20世纪，从俄国流亡至法国的科耶夫[212]从承认概念中提取出新的可能性，以更具体的形式探讨了黑格尔在《精神现象学》中提出的"相互承认"概念，并将其理解为承认欲望。科耶夫认为，人类的欲望首先应当被理解为"承认欲望"。

例如，我们渴望拥有名牌商品。根据科耶夫的观点，**我们之所以渴望它，并不仅仅是因为想要物品本身，还因为通过拥有它，我们可以得到他人的赞赏，或**

---

210 约翰·戈特利布·费希特：18—19世纪德国哲学家。他继承了康德的思想，发展了德国观念论。在其主要著作《全部知识学的基础》中，费希特提出了"These（论题）-Antithese（反论题）-Synthese（综合）"的论证方法。

211 乔治·威廉·弗里德里希·黑格尔：参照 Basic 24。

212 亚历山大·科耶夫：20世纪出生于俄罗斯的法国哲学家。他在20世纪30年代举办了黑格尔讲座，对法国年轻哲学家产生了重大影响。

是立于他人之上。换句话说，我们渴望的是被他人承认。

德国的阿克塞尔·霍耐特[213]将这种对承认的渴望置于现代社会理论的中心。他强调，**现代社会更加重视个体是否得到承认，而不仅仅关注经济上的贫富差距**。实际上，人们已经普遍认识到，不被他人承认会对个体产生极其严重的影响。

另外，勒内·吉拉尔[214]在1961年出版的《欲望现象学》中主张"欲望来自对他人欲望的模仿"，并提出了"欲望三角形"理论。

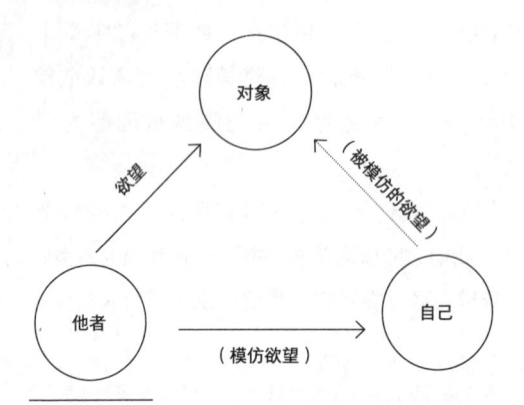

图27 欲望三角形

---

213 阿克塞尔·霍耐特：20—21世纪德国哲学家，目前仍在世。他以黑格尔的承认概念为中心，展开了对社会哲学的研究。
214 勒内·吉拉尔：20—21世纪法国哲学家。吉拉尔长期在美国的大学任教，在斯坦福大学担任教授期间的学生包括彼得·蒂尔等人。他在1961年出版的《欲望现象学》中阐述了"模仿欲望"的概念，引起广泛关注。

如果观察社会动态，就会发现人们模仿他人欲望的现象随处可见。吉拉尔出生于法国，但在二战后前往美国，并在美国继续进行研究工作。美国硅谷的创业家彼得·蒂尔就读于斯坦福大学时曾在吉拉尔的指导下学习，并受到其很大的影响。据传，蒂尔牢记了这一欲望理论，在工作中始终让行动领先于欲望的模仿。因为模仿他人的欲望和追逐潮流并不能带来利润。蒂尔采取的经营策略是成为被他人模仿的对象，从而始终领先于他人。

从中我们也可以看出，获得他人承认的欲望和对他人欲望的模仿在现代社会发挥着重要的作用。

— 专栏 —

> 科耶夫出生于俄罗斯，在俄国革命后流亡至德国，之后再次逃亡至法国。在法国期间，他于20世纪30年代在课堂上讲授了黑格尔的《精神现象学》，当时的年轻哲学家们（包括拉康、梅洛-庞蒂等人在内）纷纷参与其中。因此，科耶夫的黑格尔讲座也被认为是法国哲学的转折点。在该系列讲座中，科耶夫着重讨论了黑格尔的"自我意识论"，并以此为基础提出了"承认欲望"。此外，他还从自我意识论中推导出主人与奴隶的对立，并将这一对立的发展理解为"人类的历史"。科耶夫认为，当这种对立消失时，历史也将终结，人类将变得像动物一样。

Basic 89
自由和平等的困境
（自由主义争论）

从表面上看起来，自由与和平是现代社会的核心原则，在宪法中也得到了保障。不仅如此，"自由民主主义"还被视作社会的政治原则，"自由"和"平等"成为不可分割的概念。

然而，"自由"和"平等"究竟是否能够并存？就自由而言，它从原则上承认人们之间的竞争，因此可能导致不平等的结果。相反，如果以平等为原则，就必须对自由进行某种程度的限制或禁止。因此，自由和平等并不一定相互兼容。

在现代美国的政治思想争论中，自由与平等的并存问题也以引人注目的形式再次上演。自由主义从原则上承认人们的自由，但同时会对不平等的结果进行一定程度的调控。因此，公共政府会对弱势群体进行援助和救济。这一原则又被称作"差别原则"，由1971年发表《正义论》的约翰·罗尔斯[215]提出。

这种观点虽被称为"自由主义"[216]，但并非向"自由"一边倒，同时也会关注"平等"。在美国，自新政时期以来，"自由主义"派别就有了援助弱者

---

215 约翰·罗尔斯：参照 Basic 84。
216 自由主义：参照 Basic 45 的自由至上主义。

的政策传统，而罗尔斯则以明确的形式系统地发展了这一理论。

与此相对，美国还存在着"自由至上主义"[217]。罗伯特·诺齐克[218]对这一思想进行了系统化的探索，与罗尔斯流派的自由主义形成抗衡的局面。诺齐克在1974年出版的《无政府、国家与乌托邦》中提出"权利理论"，认为只要财富和资源不通过偷窃或暴力等非法手段获取，即使社会存在不平等或贫困，也不需要纠正差距。基于这种思想，他主张公共政府的规模应尽可能小，而政府迄今为止提供的各种服务应该尽可能交由私营企业来完成。

如上所述，**在谈论20世纪美国的社会哲学时，以平等为基础的自由主义和追求绝对自由的自由至上主义形成了基本的对立关系。**

对于这样的争论，20世纪80年代出现了被称为"共同体主义"的社群主义[219]思潮，它同时批判自由主义和自由至上主义两种理论。社群主义者认为，这两种政治理论都以个人为基础，低估了社群的作用。

---

217 自由至上主义：参照Basic 45。
218 罗伯特·诺齐克：参照Basic 45。
219 社群主义：20世纪80年代在美国出现的一种与自由主义相对立的政治哲学立场。它强调共同体的作用，批判了自由主义。代表人物包括查尔斯·泰勒和迈克尔·桑德尔等。

···— 专栏 —···

让我们来看一下美国哲学历史的大致发展过程。19世纪末,美国形成了以皮尔斯和詹姆斯为中心的实用主义[220]思潮,随后杜威也加入其中,实用主义成为美国的思想传统。20世纪30年代,从欧洲逃亡至美国的哲学家们带来了分析哲学。分析哲学以逻辑学和数学等为基础,建立了严密的哲学理论,同时创造了客观的教育体系,因而取代实用主义成为美国传统的哲学流派。该流派尽管源于欧洲,但在美国得以蓬勃发展,并作为科学哲学延续至今。20世纪70年代,实用主义又以新的形式重新兴起。

---

220 实用主义:参照 Basic 25。

Basic 90
现实由社会建构

作为表达人类性别差异的术语，最近常出现的一个词是"社会性别"（gender）。在过去，人们往往认为性别差异由生理差异决定，将其理解为"男"和"女"之间的对立。而现在，人们开始对这种生物学概念提出质疑。

现代美国哲学家朱迪斯·巴特勒[221]在其1990年出版的《性别麻烦》一书中，对生物学和身体意义上的"sex"提出异议，她这样说道："被称为'生理性别'（sex）的建构本身，很有可能和'社会性别'一样，是被社会所建构的。实际上，'生理性别'也许一直就是'社会性别'。因此，生理性别和社会性别之间的区别最终并不成为区别。"

这种观点通常被称为"社会建构主义"。社会建构主义认为，任何现实都由社会建构而成，无法摆脱这种限制。**因此，表达社会性差异的"社会性别"自不必说，甚至表达生物学差异的"生理性别"也由社会建构而成。**也就是说，即使是表面上与社会无关的生物性性别差异，也是由社会建构而来。

---

221 朱迪斯·巴特勒：20—21世纪美国哲学家，目前仍在世。她是女性主义的代表哲学家，主要著作包括1990年出版的《性别麻烦》。

为了更彻底地理解这一观点,让我们借用约翰·塞尔[222]在1995年出版的《社会实在的建构》一书中提出的概念。假设我们进入一家咖啡馆并支付了1000日元。如果用较为生硬的语言描述这种情况,可以说我们将印刷纸片视为日本货币。更通俗一点来说就是,在C(习俗)的基础上,我们将X(纸片)视为Y(纸币)。塞尔将其称为"地位功能"。即使是在普普通通的咖啡馆中,商品交易也由社会所建构,如果忽视这一点,现实将无法存在。实际上,对于不知道千元钞票是纸币的人来说,这样的交易是不可能发生的。

自出生起,我们就在特定的社会环境中生活,所遇到的事物或人几乎都能够以"在C中,X被视为Y"的形式来理解。如果将这种结构称为"社会建构",其范围之大可想而知。

---

[222] 约翰·塞尔:20—21世纪美国哲学家,目前仍在世。他专攻语言哲学和心灵哲学,设计了著名的思想实验"中文房间",主张"弱人工智能"。其于2004年出版的著作《心灵》是理解塞尔哲学的入门书。

...— 专栏 —...

塞尔提出的"地位功能"概念经常被用来解释"含义"这一概念。例如,海德格尔[223]在其1927年出版的《存在与时间》中将其表述为"作为(als)结构"。比如,当我们看到眼前的圆形板时,我们将它理解为一张桌子。也就是说,我们"将X理解为A"。而这个A就是"含义"。在这种情况下,"含义"超越了表面的外观或特征,涵盖了更深层次的理解。也就是说,它不仅仅是一个"圆形板",更被赋予了"桌子"的含义。此时,海德格尔使用了"als"一词的两义性,即同时具有"作为"和"超越"两种含义。无论怎样,我们需要明白的是,当我们理解某事物时,同时也理解了其含义。

---

223 马丁·海德格尔:参照 Basic 10。

Basic (91)
介入（参与社会）是为了什么

提到哲学，人们往往会联想起"象牙塔"。但其实从古希腊时代开始，哲学就与社会和政治紧密联系。苏格拉底因其哲学化的言行而被判处死刑，柏拉图构想了哲人统治的理念，这些众所周知的例子都表明哲学家们积极参与着社会。

20世纪，德国哲学家马丁·海德格尔[224]因与纳粹合作而受到批判，法国的萨特则在战后强调哲学的社会责任。尽管两人的思想都从"存在"概念出发，但他们采取了不同的社会参与方式。然而，为什么哲学需要积极参与社会呢？

让我们来看一下萨特[225]提出的"介入"思想。在萨特的存在主义[226]风靡全球时，他常在公共媒体上发表言论，参加示威游行，是一位"战斗哲学家"的形象。在这个时期，萨特强调了"介入"的概念。那么，在日语中通常直接使用片假名来表示的这一概念究竟是什么意思呢？

"介入"一词的法语原文相当于英语中的"engage"和"engagement"，指在参与社会的同

---

224 马丁·海德格尔：参照 Basic 10。
225 让-保罗·萨特：参照 Basic 44。
226 存在主义：参照 Basic 4。

时受到社会的束缚。以身边的例子来说，与某人"结婚"（engage）意味着你接受这种情况并受到承诺的约束。**参与社会也意味着接受这种情况并受到相应的束缚。**而萨特的存在主义提出的问题就是，在这种情境下如何作出选择。

在1945年发表的《何为存在主义》一文中，萨特提到了一个有趣的案例。二战期间，法国被德军占领，当时萨特是一名中学教师，有一位学生和他年迈的母亲一起生活。该学生迷茫于是否应该参加抵抗运动，于是来找萨特寻求建议。如果这个学生选择参加抵抗运动，他将与年迈的母亲分离。而如果他选择继续与母亲生活在一起，就必须放弃参加抵抗运动。学生向萨特寻求建议，他到底应该如何选择？

萨特会如何回答学生的问题呢？根据实存主义的思想，人必须自由地决定自己的行为。而且，人必须自己承担决定产生的后果，没有人可以替你作出决定。因此，萨特对这个学生说："你是自由的人，那就去选择吧——也就是说，去创造。"

从教师的立场来看，我们可能觉得给予学生建议更好。然而，存在主义认为决定只能由自己作出，其他人无法替代。与此同时，我们也必须完全承担由此产生的后果。由此看来，自由和社会参与都孤独而严峻。无论向谁寻求建议，最终都只能由自己作出决定并承担责任。

— 专栏 —

二战后,萨特的存在主义在全世界广为流行。因此,萨特登上了大众媒体的舞台,人们不仅关注他的思想,同时也关注他的个人生活。其中,他与波伏娃之间的"契约婚姻"尤为引人注目。这种形式不束缚两人的自由,允许双方与其他人自由恋爱,这与萨特的思想正好一致。于是,这种生活方式迅速在全世界传播开来,许多人开始选择在不受婚姻制度束缚的情况下以同居的形式共同生活。虽然这看起来非常符合存在主义者的态度,但实际施行起来却相当复杂。尽管如此,萨特能成功地将哲学原则应用于自己的生活中,展现了哲学家的典型特质。

Chapter 10
历史：如何面对历史？

自希罗多德的《历史》和修昔底德的《伯罗奔尼撒战争史》以来，历史书写从未中断。但在哲学领域，总体而言——虽然也有例外，直到大约18世纪前对"历史"的关注都相当有限。

例如，被称为"万学之祖"的亚里士多德[227]并没有关于"历史"的著作，对历史记述的评价也不甚高。在近代，基于数学思维的自然科学受到高度重视，而历史则被视为愚蠢人类的产物。近代的启蒙运动高度评价人类的理性，而历史世界则被认为充满着非理性，因此在一定程度上被排除在哲学的研究范围之外。

面对这样的哲学主流，也存在着一些高度评价历史的哲学家，如意大利的维科[228]和德国的赫尔德[229]。**他们反对自笛卡尔以来的理性主义传统，相比于自然科学，对历史研究给予更高的重视。**

在18世纪后期到19世纪前期，哲学对"历史"

---

227 亚里士多德：参照 Basic 2。
228 詹巴蒂斯塔·维科：参照 Basic 76。
229 约翰·戈特弗里德·赫尔德：18—19世纪德国哲学家。赫尔德与康德处在同一时代，但与康德不同，他对语言学和历史哲学产生了浓厚兴趣。代表作为《论语言的起源》(1772)和《另一种历史哲学》(1774)。

的态度产生了巨大变化，这主要归功于德国的黑格尔[230]。他在讲座中谈论"历史哲学"和"哲学史"，对历史随后的发展产生了重大影响。无论是否赞同黑格尔的历史观，不可否认的是，自黑格尔之后，"历史"成为哲学的重要主题。

20世纪之后，哲学对"历史"的关注从历史本身转移至记述历史的史学家及历史学这一门学科之上。因为"历史"在很大程度上取决于史学家如何书写。忽略对史学家的研究，我们无法进行关于历史的讨论。如此一来，人们对历史的定位也发生了重大变化。

就这样，随着哲学的发展，人们对"历史"的看法也发生了相应的变化。如今，我们不再像以前那般忽视"历史"而单独理解哲学，而是通过"历史"来质问哲学所扮演的角色。

---

230 乔治·威廉·弗里德里希·黑格尔：参照 Basic 24。

Basic 92
如果埃及艳后的鼻子再低一些

帕斯卡[231]《思想录》中的一段文字在日本广为流传。它通常被表述为:"如果埃及艳后的鼻子再低一些,历史将会改写。"需要注意的是,这与帕斯卡的原文稍有差异。

原文为:"如果埃及艳后的鼻子再短一些,整个世界的面貌都将改变。"

对于帕斯卡来说,他并不在意鼻子低不低,重要的是是否更短,这也是一个经常被提及的观点。然而,我们要讨论的问题并不在此,而是原文后半部分并没有提到"历史将会改写"。帕斯卡说的是世界的面貌(地球上的状况)将会发生改变。

也就是说,我们关心的是《思想录》中是否存在对"历史"的关注。因为在对帕斯卡的解读中存在一种有力的观点,即"没有历史的帕斯卡"。实际上,《思想录》似乎并没有将"历史"作为主题进行讨论。

帕斯卡是数学家和自然科学家,因此他对历史没有兴趣也并不奇怪。人类对历史的关注出现在更晚的时代。相比之下,对"宇宙"的提及则并不少见。

那么,帕斯卡在"埃及艳后的鼻子"一文中想

---

231 布莱士·帕斯卡:参照 Basic 9。

要表达什么呢？他要表达的是"人类的虚无感"。在《思想录》的这一片段中，"仔细观察爱情的原因和结果"是该观点的导入部分。

只是因为鼻子的长度稍有差异，整个世界就会改变——这是多么空虚的事实啊。只是鼻子稍有不同，世间的事情就会发生巨大的改变。

此时，我们是否可以认为帕斯卡没有历史意识呢？帕斯卡曾严厉批判了笛卡尔[232]的理性主义（"我不能原谅笛卡尔！"）。但对笛卡尔的批评并没有让他转向区别于自然科学和数学的历史研究。即使是他那段著名的文字，我们看了原文之后也会产生不同的理解。

…— 专栏 —…

"思考的芦苇"可能是《思想录》中最著名的段落之一。通过阅读这部分内容，我们可以得知，帕斯卡关注的并不是历史，而是自然和宇宙。他说："人只不过是一根芦苇，是自然界中最脆弱的东西；但他是一根会思考的芦苇。不需要整个宇宙武装起来才能毁灭他，一口气、一滴水就足以剥夺他的生命。即使宇宙要毁灭他，他也比置他于死地的宇宙要高贵得多；因为他知道自己将要死亡，他知道宇宙相对于他的优势，而宇宙对此一无所知。"

---

232 勒内·笛卡尔：参照 Basic 12。

Basic 93
自由意识的进步

德国哲学家黑格尔[233]将"历史"作为哲学主题，开创了历史哲学领域。尽管其哲学思想受到诸多批判，但将历史引入哲学的这一举动仍值得我们关注。

黑格尔的哲学原理被称为"精神"（Geist），这一概念被赋予了许多超越个体的修饰词，如民族精神、时代精神、世界精神、客观精神等。这些"（大）精神"尤为重要的特征之一，就是将历史视为一个连续的发展过程。对于这样的历史，黑格尔称之为"自由的发展史"。

"精神的实体或本质是自由。……世界历史就是描述精神逐渐准确认识自身的过程。……世界历史是自由意识不断进步的过程，（我们）必须认识到这一过程的必然性。……东方人只知道一个人是自由的，希腊和罗马世界知道特定的一些人是自由的，而我们日耳曼民族知道作为人类，人人是自由的。"

这段对于历史的理解揭示了人类历史的整体走向。当然，现在的我们在阅读时可能会感受到一种西方中心主义的偏见和极其乐观的历史观。但黑格尔所提出的并不是理想主义的历史观，而是根植于现实的

---

233 乔治·威廉·弗里德里希·黑格尔：参照 Basic 24。

现实主义历史观。例如，黑格尔将历史称为"民族的幸福、国家的智慧和个人的德行都被牺牲于其刀俎之下的屠宰场"。因为通过个人的激情、利益和不公的暴力，历史才得以推进。通过这种个体的无差别行为，历史的目的得以实现，这就是著名的"理性的狡计"[234]思想。这种现实主义在有关战争与和平的讨论中也扮演着重要角色。黑格尔的前辈康德在《论永久和平》中提倡基于国际协作的和平主义，而黑格尔则肯定了国家间的"战争"。

作为展示黑格尔历史观的命题，以下论述广为人知："凡是合乎理性的东西都是现实的，凡是现实的东西都合乎理性。"这一命题成为恩格斯批评黑格尔哲学保守的依据，因为它被理解为承认现实存在（现实的事物）都是合乎理性的。黑格尔担任柏林大学校长，被视为普鲁士王国的官方哲学家。然而，恩格斯在批判黑格尔时故意改变了命题的顺序，即"现实的东西都合乎理性，合乎理性的东西都是现实的"。实际上，这种说法只是对黑格尔言论的曲解。对于黑格尔来说，"合乎理性的东西"是历史上必然发生的事件，因此它才是"现实的"。这并不是在辩护偶然的现实。

---

234 理性的狡计：哲学家黑格尔提出的概念，指在历史中，理性通过个体的行动来实现其意图。

Basic 94

迄今为止的社会历史都是阶级斗争的历史？

不同于黑格尔[235]基于"精神"的历史观，马克思[236]基于物质经济关系提出了一种新历史观，一般称之为"唯物史观"（唯物主义历史观）。在《共产党宣言》中，马克思坚定地宣称"迄今为止的社会历史都是阶级斗争的历史"。这里具体指的是哪些历史呢？

在1859年出版的《政治经济学批判》中，马克思简明地提出了被称为"唯物史观公式"的观点。根据该观点，历史变迁可以这样理解："大体说来，亚洲的、古代的、封建的和现代资产阶级的生产方式可以看作社会经济形态演进的几个时代。其中，资产阶级的生产关系是社会生产过程的最后一个对抗形式。……然而，资产阶级社会中不断发展的生产力同时也创造了解决这种对立的物质条件。因此，随着这种社会结构的出现，人类社会的前史也将落下帷幕。"

不管是精神的自由还是物质的生产——虽然说法上略有差异——历史都被看作连续的发展过程，始于东方（亚洲），终结于欧洲世界。从这一角度来

---

235 乔治·威廉·弗里德里希·黑格尔：参照 Basic 24
236 卡尔·马克思：参照 Basic 51。

说，马克思和黑格尔一样，站在了西方中心主义的立场上。

值得注意的是，马克思将我们所描绘的历史视为人类社会的"前史"（Vorgeschichte）。这个词暗示着迄今为止的社会只是一种预备性的历史（前史），真正的"历史"在此之后才开始展开。

如果接受这一表述，意味着人类的"历史"尚未开始。迄今为止的历史是"历史"之前的阶段，可以称之为前史。然而，如果前史已经结束，那么真正开始的"历史"又是以何种原理为基础呢？

···— 专栏 —···

> 黑格尔和马克思都将历史视为一个逐步发展的过程，并将西方置于历史的顶点位置。然而，进入20世纪后，德国的斯宾格勒[237]发表《西方的没落》，从文明论的角度否定了阶段性的历史观。斯宾格勒认为，亚洲世界、希腊罗马世界、一神教世界以及西欧世界应该被理解为不同的文明，不能简单地统一为单一的历史。斯宾格勒的历史观在20世纪上半叶引起轰动。现在，这一问题值得我们重新思考。

---

237 奥斯瓦尔德·斯宾格勒：19—20世纪德国历史哲学家。其于1918年和1922年出版的著作《西方的没落》一经问世便迅速成为畅销书，引起了人们对西方危机的广泛关注。

Basic 95
一切历史都是当代史？

一般来说，"历史"是对过去事件的记述。然而，我们为什么会对过去的事件产生兴趣并进行评价呢？而且，即使描绘同一时代，为什么不同的史学家会选择记录不同的事件和人物呢？

对于这些疑问，意大利哲学家克罗齐[238]宣称"一切历史都是当代史"。在其著作《历史学的理论与历史》中，克罗齐这样说道："显而易见，只有对现实生活的关注才能激发人们去了解过去的事实。因此，这些过去的事实只有在与现实生活的关注相一致且紧密结合时，才能回应当前的关注，而不是过去的关注。在许多历史学家的经验中，他们以各种不同的方式反复提及了这一点。"

历史学家爱德华·卡尔[239]则如此解释克罗齐的这一观点："这意味着**历史的本质在于以当下的眼光看待过去、根据当前的问题看待过去。历史学家的主要任务不在于记录，而在于评价。**因为，假如历史学家不评价的话，他又如何知道什么值得记录呢？"

---

238 贝奈戴托·克罗齐：参照 Basic 76。
239 爱德华·卡尔：20世纪英国历史学家、国际政治学家。卡尔出版了许多著作，尤其以1963年出版的《历史是什么》为代表。

19世纪，黑格尔[240]在讲授历史哲学时，区分了"原始的历史""反思的历史"和"哲学的历史"。确实，历史的素材是过去的事实，但事实本身并不能成为历史。需要有人从海量的事实中挑选出一些事实，重新构建成"历史"。为了更好地理解这种对立，让我们以图示的方式展示传统的"历史"理解和克罗齐提出的"历史"理解。

图28 对历史的两种理解

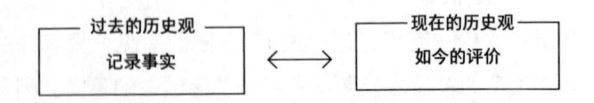

过去的历史观		现在的历史观
记录事实	⟷	如今的评价

历史观的这种演变与哲学思想的发展是相一致的。20世纪，人们开始强调主观解释的作用，由此主张历史也应通过主观解释而被重新建构。

这种变化意味着通过强调主观建构，历史的客观性将变得不再确定，从而无法决定什么是正确的历史。

---

240 乔治·威廉·弗里德里希·黑格尔：参照Basic 24。

…— 专栏 —…

克罗齐的哲学思想在二战前的日本受到了广泛研究，其与黑格尔哲学和马克思主义的关系也常常成为讨论的主题。此外，在意大利的法西斯主义兴起时期，克罗齐与法西斯主义的关系也引起关注。战后，人们对他的关注逐渐减少，其著作《历史学的理论与历史》在出版文库版后再未更新。然而，考虑到其与意大利哲学家维科的关系及现代意大利哲学的重要性，我们有必要重新审视和评估克罗齐的思想。

Basic 96
谱系学暴露了历史起源的低贱

"谱系学"（Genealogie）原本是历史学的一个分支，如今却被赋予了新的意义，成为一种重要的哲学方法。

"谱系学"的倡导者是德国哲学家尼采[241]。但在过去的日本，其意义并没有得到充分理解，人们对"谱系学"这门学科的认知也较为薄弱。因此，尼采的著作《道德的谱系学》曾被翻译为《道德的谱系》。

在尼采之前，"谱系学"一词通常被认为是研究国王和贵族家谱的学问。在古代，针对希腊神话和《圣经》也进行了这种家谱研究。日本也有许多人制作家谱，炫耀自家与源氏、平氏以及豪族和天皇家族的联系。

这类谱系学通常由有权势的人们进行"研究"，他们追溯自己家族的辉煌起源，以宣扬自己的权威。他们会说："现在的我们出身于如此伟大的家族。"然而，尼采完全颠覆了"谱系学"的意义。

对于那些现在被赋予权威和尊重的事物，尼采通过追溯其谱系，揭示了它们起源的低贱与备受唾弃。例

241　弗里德里希·尼采：参照 Basic 9。

如，尽管如今"道德"被视为人类应该遵守的宝贵价值，但尼采表明，它的起源只是无力弱者的嫉妒和怨恨。

对于强者，本应通过力量来较量。但弱者知道自己无法取胜，于是大家集结起来试图联合推翻强者。尼采将这种行为称为"畜群本能"，将弱者的怨恨称为"无名怨愤"。

如此一来便可得知，人们以为崇高的"道德"，其实源于弱者肮脏的"无名怨愤"。

传统的"谱系学"通过追溯过去的荣耀来为现在的权威正名，而尼采的"谱系学"则完全相反，旨在通过揭示过去的低贱起源来瓦解现在的权威。从这一角度来看，尼采的"谱系学"同时具有批判的功能。

除尼采之外，马克思[242]和弗洛伊德[243]等人也以类似的方式展开了谱系学的研究，只是他们并没有像尼采那样对"谱系学"这一术语进行区分使用。

尼采的"谱系学"也引起了法国哲学家福柯[244]的关注，他将其作为"考古学"进行了发展和运用。福柯在其1971年发表的论文《尼采、谱系学、历史》中这样说道："历史还教会我们嘲笑那些庄严地祭奠起源的人。……人们倾向于相信事物最初的状态

242　卡尔·马克思：参照 Basic 51。
243　西格蒙德·弗洛伊德：参照 Basic 14。
244　米歇尔·福柯：参照 Basic 19。

是完美的。……然而，历史的开端是低贱的。这种低贱并不是指鸽子步伐般的谦逊和低调，而是一种嘲弄、讽刺和粉碎一切自负的意味。"

正是通过福柯的"考古学"，尼采的谱系学的意义才得以重新发现，并开辟出新的可能性。

···— 专栏 —···

法国哲学家尼采将法语词"ressentiment"解释为弱者的怨愤，将其视为道德的起源。而德国哲学家舍勒[245]则在此构想的基础上展开了自己独特的怨恨论。尼采认为"ressentiment"的起源可以追溯至基督教，而舍勒则更倾向于认为其起源于现代市民社会。根据舍勒的观点，现代市民社会在公共领域中奉行人人平等的原则，实际上却造成了人们之间的差异，这引发了人们的"ressentiment"情绪。从社会分析的角度来看，这是一种恰当的解释，但可惜没有尼采那种强烈的冲击力。

---

245 马克斯·舍勒：参照 Basic 11。

Basic 97
从历史的解体到解构

20世纪,在谈及对"历史"有强烈意识的哲学家时,许多人会首先想到德国的海德格尔[246]。

海德格尔的主要著作《存在与时间》(1927)试图通过被称为"此在"的人类来革新一个传统的哲学问题——存在论,而这些都与"历史"有着密切的关联。

首先,海德格尔从时间的角度来理解人类,因为人类始终在过去—现在—未来这一时间的流动中理解与行动。然而,这三种时间状态并不始终发挥相同的作用,总会有一种状态占据主导地位。相应地,人类的存在方式也会发生变化。

当我们从人群的角度来观察这种人类的时间性时,人类的历史性就显现出来了。作为一个在时间中存在的个体,人如何存在于与他人的关系之中,寻找这个问题的答案就是人们关注"历史"的理由。人不仅具有时间性,还具有历史性。

此外,海德格尔在理解存在论时也赋予了"历史"重要的角色,因为他所探讨的哲学问题在过去一度被隐藏和扭曲。为此,海德格尔提出了"存在论的

---

[246] 马丁·海德格尔:参照 Basic 10。

历史解体",并写道:"对于存在问题本身来说,首先应获得这一问题固有的历史观点,然后解开僵化的传统,揭示被这些传统所掩盖的隐藏之物。这一课题可以解释为以存在问题为指引,完成从古代存在论传承下来的破坏行为。"

海德格尔所谓的"解体"(destruktion)被德里达[247]用法语表述为"解构"(déconstruction)。虽然"解构"听起来像是一个全新的术语,但实际上它仅仅是对海德格尔"解体"的一种重新表达。关键在于,什么被解体了,什么被构建了。

德里达认为,解构意味着以二元对立为基础,通过暴力手段形成的"等级秩序"被解体了。例如,男性与女性、西方与非西方、认真与嬉戏、原创与复制,不胜枚举。在这些对立中,一度形成了一方主导、另一方从属的等级秩序。

因而,推翻这种秩序成为"解构"的第一步。因此,德里达强烈批评了自古希腊以来一直存在的"西方中心主义"和"男性中心主义"。

然而,简单地推翻并不一定能解决问题,"解构"需要一些更为复杂的机制。这一点需要注意。

---

247 雅克·德里达:20—21世纪法国哲学家。他试图通过"解构"转变自柏拉图以来的形而上学,开创了被称为后结构主义的哲学流派。德里达出版了诸多著作,代表作为1967年出版的《论文字学》。

····— 专栏 —····

为了更详细地说明解构的方法,让我们以"原创"和"复制"为例。在过去,"原创"被认为是有价值的,而"复制"则被视为是不好的。禁止复制粘贴的规定也是基于相同的理由。那么,我们应如何解构这个二元对立呢?德里达的方法是揭示那些被视为"原创"的东西实际也是复制而来。然而,问题并没有就此结束。因为被复制的"原创"本身也是其他东西的复制品。如此一来,复制品的链条就会一直延伸下去。那么,"原创"本身究竟存在于何处呢?

Basic 98
历史是故事吗？

尽管在汉字中，"历史"和"故事"看起来并没有直接的联系，但在英语中，history和story之间的共通性十分明显。这也是理所当然的事情，因为它们都源于希腊语"historia"，之后才分化演变成了两个词。在法语、意大利语、西班牙语等语言中，这两个词现在仍然被用来表示相同的含义，并没有区分使用。

我们可以模糊地想象"历史"和"故事"之间的联系。作为历史的对象，过去的事实是无数的，单独来看似乎毫无关联。因此，我们需要挑选一些事件，并找到它们之间的联系。换句话说，这是一个从事件中构建故事的过程。通过将多样的事实组合成一个"故事"，就形成了我们所理解的"历史"。

阿瑟·丹托[248]积极提出了"历史=故事"这一观点。他曾这样说道："如今，历史中故事的作用已经变得明确。故事被用来解释变化，特别是经常用于解释与个人生活相比更长时间跨度内发生的大规模变化。通过凸显这些变化，将过去组织成时间的整体，我们能够叙述历史中发生的事件，同时解释这些变化……这就是历史的工作。"

---

248 阿瑟·丹托：20—21世纪美国艺术评论家和哲学家。其在历史哲学领域的成就广为人知。

在过去,"历史"被认为是对已经发生的事实的客观描述。然而,丹托利用了"历史"一词的词源,**将其理解为历史学家通过"解释"创作的"故事"**。这可以说是对"历史"概念的根本性颠覆。

这种观点过去也曾存在。实际上,作为事实的历史和记录在文献中的历史一直被区分使用。如今的"历史=故事"理论则是更彻底地主张了这一观点。该理论认为,即使是作为事实的历史,也已经经过一定的选择和解释。也就是说,一切都是经过解释的历史,并不存在所谓的"作为事实的历史"。于是,被多样化解释的历史开始纷纷涌现。这种对历史的理解与现代重视多样性的观念相契合,但也引发了如何确保历史客观性的问题。

— 专栏 —

　　"历史=故事"论被认为是流行于20世纪后半叶的后现代主义[249]的一种历史学形式。例如，彻底推进了这一思想的美国哲学家海登·怀特[250]于1973年出版《元史学》一书，该书的日本版解说这样说道，"根据怀特的理论，历史叙述者将无法参与到准确理解的实际认知中去，这引发了批判……从一开始，《元史学》就被认定为典型的后现代言论，它使真实性变得无法确定，因而被认为是一种危险而又不负责任的相对主义主张。'相对主义'是攻击《元史学》的典型标签之一"。

249　后现代主义：20世纪70年代至80年代以美国为中心开展的文化运动。最初作为建筑术语使用，但后来蔓延至各个领域。在哲学中，利奥塔于1979年出版的《后现代状况》一书中使用了这个概念。

250　海登·怀特：20—21世纪美国历史学家和文艺评论家。其于1973年出版《元史学》，提出研究历史的全新视角，引起了学界的广泛关注。此时正值后现代主义流行时期，因此他的观点也被理解为后现代主义的历史论。

Basic 99
历史往往重复两次，第一次是悲剧，第二次是喜剧

自古以来，历史的重复性就是一个被反复提及的话题。古希腊时期的历史学家修昔底德[251]早已言及这一点。马克思[252]在引用黑格尔[253]的同时，也以别出心裁的措辞谈到了该问题："黑格尔在某处提到，世界史上的所有重大事件和伟大人物，可以说都出现两次。然而，他忘记补充一点：第一次是作为悲剧出现，第二次是作为喜剧出现。"

马克思在引用时没有指明来源，这句话实际出自黑格尔的《哲学史讲演录》。一般情况下，人们并不关注黑格尔在上下文写了什么。然而确认之后，我们会发现马克思的文章与之密切相关。

黑格尔是这样说的："国家的巨变只有在第二次发生时，才能被人们公认为是正确的。拿破仑两次战败，波旁王朝两次被流放，这都是其中的例子。第一次只是偶然或是一种可能性，但通过重复发生，它们成为确凿的现实。"

---

251 修昔底德：公元前5—前4世纪古希腊历史学家。修昔底德撰写的《伯罗奔尼撒战争史》记录了伯罗奔尼撒战争，人们常将其与希罗多德的《历史》进行对比，但前者未能完成。
252 卡尔·马克思：参照 Basic 51。
253 乔治·威廉·弗里德里希·黑格尔：参照 Basic 24。

黑格尔将两次事件理解为"可能性"和"现实性"的对立。第一次被视为可能性的事件，在第二次发生时便具备了现实性。此时被用作例证的是"拿破仑两次战败"。在阅读黑格尔的这段文字时，马克思对拿破仑一世和拿破仑三世分别作出了"悲剧"和"喜剧"的评论。

不论这种对比究竟有多少意义，毋庸置疑的是，马克思的思想与黑格尔的历史观紧密相连。在同一本书中，马克思还引用了黑格尔的名句："这里就是罗德岛，要跳就在这里跳！"这句话源于《伊索寓言》中的一则故事，黑格尔曾在《法哲学原理》的序言中引用这一故事，旨在强调个人无法超越自身所处的历史时代。

Basic (100)
历史的终结是动物化？

1989年，美国政治学家弗朗西斯·福山[254]发表了一篇题为《历史的终结?》的论文，使得"历史的终结"一词受到学界的广泛关注。然而，福山提出的这一概念却常常遭受误解，所以我们首先有必要弄清楚"历史的终结"究竟意味着什么。

这一说法其实来源于从俄国流亡至法国的哲学家亚历山大·科耶夫[255]。20世纪30年代，科耶夫曾在法国举办了一系列黑格尔哲学讲座。在讲座中，他提出"历史"始于"主人与奴隶的对立"，"历史"就是阶级对立的历史。因此，科耶夫认为一旦社会中的阶级对立消失，"历史就将终结"。

"当主人与奴隶之间的差异、对立消失时，主人为了不再拥有奴隶而不继续做主人，奴隶也为了不再侍奉主人而不继续做奴隶。甚至，当奴隶不存在时，新的主人也将不再产生，历史就会停止。"换言之，意识形态的对立消失后，会迎来"历史的终结"。

值得注意的是，这个说法也被认为是指"人类的

---

254 弗朗西斯·福山：20—21世纪美国政治学家。他因在论文中预言冷战的结束而受到广泛关注，随后于1992年撰写了《历史的终结》，向大众宣告新时代的开始及其意义。

255 亚历山大·科耶夫：参照 Basic 88。

终结"。科耶夫曾说:"随着主人与奴隶的对立出现,人类才得以诞生,历史才得以开始。"换句话说,主人与奴隶之间的对立构成了"历史",而这也是"人类"的历史。因此,"历史的终结"同时意味着"人类的终结"。

但"人类的终结"具体意味着什么?现代真的是"历史的终结"吗?在对此进行千篇一律的批判之前,我们也许需要对这些概念进行更加深入的理解。

产品经理：姜　文
视觉统筹：马仕睿@typo_d
印制统筹：赵路江
美术编辑：程　阁
版权统筹：李晓苏
营销统筹：好同学

豆瓣 / 微博 / 小红书 / 公众号
搜索「轻读文库」

mail@qingduwenku.com